D1753165

1x1 kreativ
KARTEN GESTALTEN

Ines Albilt
Elisabeth Eder
Anett Friske
Wolfgang Hein
Uschi Heller
Pia Pedevilla
Gudrun Schmitt
Nellie Snellen
Heike Wolf

Die beliebtesten Techniken – die schönsten Ideen

INHALT

VORWORT 3

WORKSHOP 4

1 Grundlagen 6
Grundausstattung 7
Grundtechniken 10
Grundregeln der Gestaltung 14
Karten beschriften 16
Briefumschläge anfertigen 17
Ideeninsel Grundlagen 18

2 Schneid- und Falttechniken 20
Arbeiten mit Stanzmaschinen 21
Gestalten mit Stanzern 22
Klappschnitt 25
Papier-Patchwork 27
Ideeninsel Schneid- und Falttechniken 28

3 Relief und 3D 30
Papier prägen 31
Prägeschablonen mal anders 32
Pergamentkunst 33
Quilling 36
3D-Motivbilder 38
Pop-up-Karten 39
Ideeninsel Relief und 3D 42

4 Fadengrafik 44
Fadengrafiken selbst erstellen 45
Fadengrafik mit Stanzern und Schablonen 46
Ideeninsel Fadengrafik 48

5 Scrapbooking 50
Papier gestalten 51
Eyelets setzen 53
Wasserfallkarten 54
Foto-Kaleidoskop 55
Serviettentechnik leicht gemacht 56
Ideeninsel Scrapbooking 56

6 Stempeln und Malen 58
Kunstvoll stempeln 59
Malen mit KonturColor 65
Ideeninsel Stempeln und Malen 66

IDEENPOOL 68

Anlässe und Festlichkeiten 70
Schmuckstück 70
Zur Hochzeit 72
Blätter 74
Hochzeitserinnerungen 76
Zur Geburt 78
Romantik pur 80
Zu kirchlichen Festen 82
Herz und Blumen 84
Florales Ornament 86
Trauerkarten 88
Blüten und Ranken 90

Für viele Gelegenheiten 92
Bunte Tierwelt 92
Frosch, Katze und Lichterkarte 94
Karten mit Herz 96
Blume, Ornament und Geschenke 98
Einladungen mit Herz und Stil 100
Sonne, Schmetterling und Torte 102
Anhänger, Taschenkarte und Kaleidoskop 104
Im Elfenland 106

Ideen durchs Jahr 108
Vögelchen und Hase 108
Henne und Häuschen 110
Blütenzeit 112
Filigrane Kunstwerke 114
Sommersonne 116
Herbstzeit 118
Engel, Rentier und Glücksschwein 120
Weihnachtsgrüße 122
Vögel, Tanne, Stern und Kerze 124
Sterne und Weihnachtskugeln 126
Winterlandschaften 128

VORLAGEN 130

AUTOREN 143

IMPRESSUM 144

VORWORT

Willkommen im „1 x 1 kreativ Karten gestalten". In diesem Werk- und Ideenbuch zeigen wir Ihnen eine Auswahl von über 30 Kartentechniken, mit denen Sie aus Gruß- und Glückwunschkarten kleine Kunstwerke machen. Nach einer Einführung in die Materialauswahl und die Gestaltungsgrundlagen erfahren Sie in umfangreich bebilderten und leicht verständlich geschriebenen Schrittanleitungen wie Sie Karten wirkungsvoll mit Techniken wie Stanzen, Klappschnitt, Papier-Patchwork, Prägen, Pop-up, Fadengrafik, Scrapbooking, Stempeln und KonturColor (Shadowpainting) gestalten können.
Damit Sie das im Workshop Gelernte auch sofort anwenden können, finden Sie auf so genannten Ideeninseln nach jedem Kapitel jeweils vier Vorschläge für eigene Karten.

Im zweiten Buchteil erwartet Sie der große Ideenpool mit über 80 Karten zu verschiedenen Anlässen und Jahreszeiten. Dabei sind auch Karten für Serienproduktionen, die sich auch in großer Zahl mühelos anfertigen lassen, sowie raffinierte Einzelstücke, die Sie zu eigenen Unikaten inspirieren werden.

Wir wünschen Ihnen viel Freude beim Erkunden der faszinierenden Möglichkeiten Karten zu gestalten und ein gutes Gelingen beim Gestalten Ihrer eigenen Karten!

1 GRUNDLAGEN

2 SCHNEID- UND FALT-TECHNIKEN

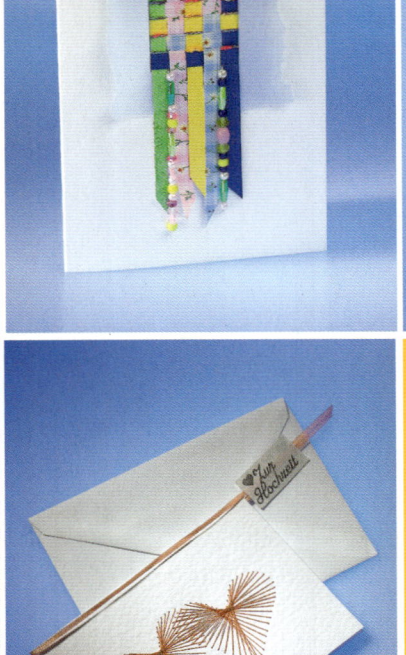

3 RELIEF UND 3D

4 FADEN-GRAFIK

5 SCRAP-BOOKING

6 STEMPELN UND MALEN

WORKSHOP

Schritt für Schritt lernen

Ob Sie die Grundlagen des Arbeitens mit Papier, des Gestaltens von Karten oder gleich eine bestimmte Schneide-, Falt-, Relief-, Stempel- oder Maltechnik kennen lernen möchten: Mit den umfangreich bebilderten Schrittanleitungen und den vielen Tipps und Tricks der Kartenprofis gelingt das ganz leicht.

Ideeninseln laden zum Üben ein

Zu jedem Workshopkapitel gehört eine so genannte Ideeninsel. Hier laden Sie erste Projektvorschläge ein, das auf den vorhergehenden Seiten Gelernte anhand selbst gestalteter Karten umzusetzen. Diese Karten gelingen auch Ungeübten ganz einfach, sie sind aber dennoch faszinierend wirkungsvoll.

Vorlagen zum unkomplizierten Nacharbeiten

Bei den einzelnen Modellen bzw. im Buchanhang finden Sie Vorlagenzeichnungen und Skizzen, die Ihnen das Nacharbeiten der gezeigten Karten erleichtern. Manche Vorlagen sind verkleinert abgebildet, mit dem angegebenen Kopierfaktor können Sie aber schnell auf das gewünschte Maß vergrößert werden.

Hinweise

◆ Alle Maßangaben werden als Breite x Höhe angegeben.

◆ Als Rest wird ein Papierstück bezeichnet, wenn es kleiner als A5 ist.

◆ Manche Beispiele im Workshop werden nicht noch einmal im Buch gezeigt. Beachten Sie die Kurzanleitungen in der danebenliegenden Spalte am Buchrand.

1 GRUNDLAGEN

Vieles gelingt einfacher, wenn man die richtigen Kniffe kennt – und die wichtigsten im Umgang mit Papier und Werkzeugen sind in diesem Kapitel für Sie zusammengefasst: Papier zuschneiden, Anfertigen von Passepartout-Ausschnitten, Platzieren von Zierelementen, Designgrundregeln – all das wird anhand anschaulicher Beispiele in vielen Schritt-für-Schritt-Anleitungen beschrieben. Außerdem erfahren Sie auf den nächsten Seiten Wissenswertes über geeignete Papiere sowie die wichtigsten Hilfsmittel und Werkzeuge für das Kartengestalten. Mit diesem Basis-Know-how sind dem eigenen Kreieren von Karten keine Grenzen gesetzt!

Hinweis

◆ Beachten Sie, dass die bei der Grundanleitung einer Technik aufgeführten Werkzeuge und Hilfsmittel in den Anleitungen auf den Ideeninseln und im Ideenpool nicht noch einmal genannt werden. Legen Sie sich diese vor dem Anfertigen einer Karte bereit.

geeignetes Papier ist in einer großen Auswahl erhältlich, neben unterschiedlichen farbigen Kartonen zum Beispiel auch Natur-, Glitzer- und Musterpapiere

mit einer kleinen Grundausstattung an Werkzeugen können Sie schnell und präzise arbeiten

wenn Sie einige Grundregeln beachten, gelingt das Kartengestalten ganz einfach

GRUNDausstattung

HILFSMITTEL

Sie benötigen nur wenige Hilfsmittel, um professionell aussehende Karten gestalten zu können. Hier erfahren Sie, welche Werkzeuge und Materialien in Ihrer Grundausstattung nicht fehlen sollten. Halten Sie sie stets bereit, denn sie werden in den einzelnen Kartenbeschreibungen nicht gesondert aufgeführt.

Ein **Bleistift** zum Übertragen von Vorlagen, Anzeichnen von Schneidelinien, Designmarkierungen und zum Entwerfen. Verwenden Sie einen weichen Bleistift, gekennzeichnet durch den Buchstaben „B" oder „HB", sein Strich lässt sich leicht wieder wegradieren. Zum Übertragen von Vorlagen mit Transparentpapier benötigen Sie außerdem einen harten Bleistift (H).

Halten Sie zum Entfernen des Bleistiftstriches einen **Radiergummi** bereit.

Ein **Lineal** wird zum Abmessen und Anzeichnen benötigt. Verwenden Sie beim Schneiden mit einem Cutter oder Skalpell ein **Metalllineal.** Zum Anzeichnen und Überprüfen von Winkeln benötigen Sie ein **Dreieck.**

Gerade Schnitte gelingen besonders einfach mit einem **Cutter** oder **Skalpell.** Außerdem können damit Zierteile platziert und Falzlinien angeritzt werden. Beim Schneiden immer eine **schnittfeste Unterlage** und ein Metalllineal verwenden. Für beste Ergebnisse nur mit scharfen Klingen arbeiten und abgenutzte sofort austauschen.

Zum Ausschneiden und Zuschneiden wird eine **Schere** benötigt. Für gerade Schnitte ein Bastelmesser verwenden, für enge Rundungen in Papier, Stoff, Folie oder Metall eignet sich eine Nagelschere mit gebogenen Schneiden gut. Zum Abschneiden von Draht halten Sie eine ältere Schere oder einen Seitenschneider bereit.

Zum sauberen Nacharbeiten von Knicken sollten Sie ein **Falzbein** verwenden. Praktisch sind Kombinationen aus dem Lacé®-Bedarf aus Falzbein und Metallspitze: Damit können Faltkanten vor dem Falten eingedrückt oder Innenschnitte angehoben werden.

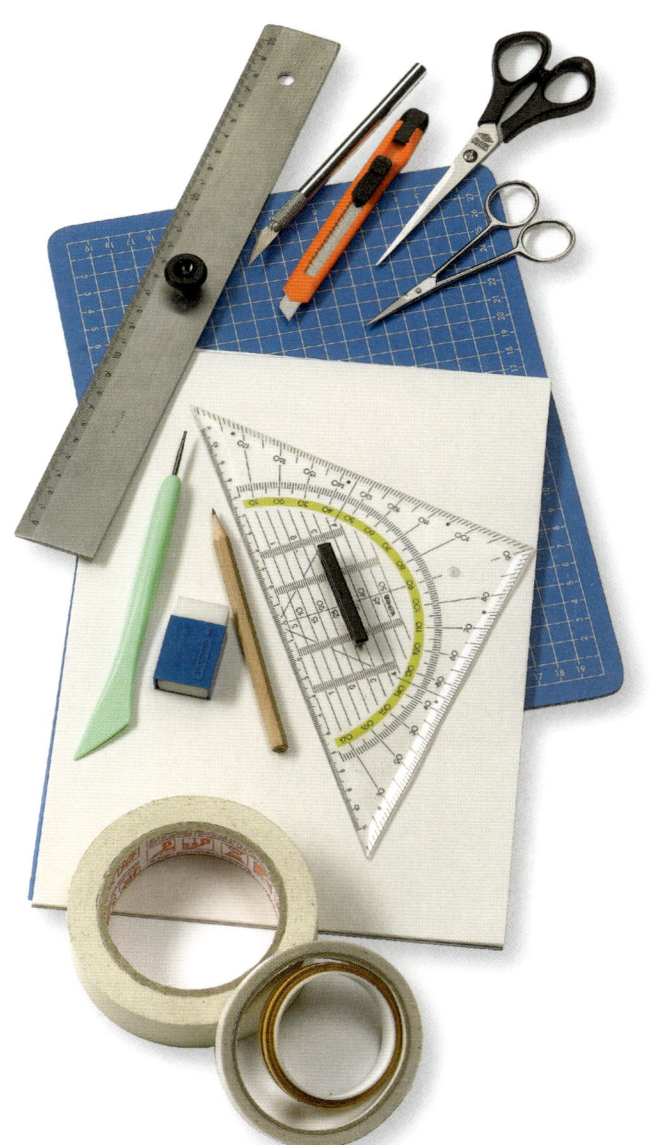

Verschiedene **Klebefilme** sind hilfreich beim Kartengestalten: Mit doppelseitigem Klebefilm werden Designelemente fixiert, mittels Abstandsband (Klebepads) entsteht ein 3D-Effekt. Mit schwach klebendem Klebefilm oder Kreppklebeband können Hilfsmittel wie Prägeschablonen vorübergehend fixiert werden.

Zum Übertragen von Vorlagen wird **Transparentpapier** benötigt. Aus extra starkem Transparentpapier können Schablonen ausgeschnitten werden.

Tipps & Tricks

- Mehr über Klebefilm und Klebstoff erfahren Sie auf Seite 9.

WORKSHOP

PAPIERE und KARTEN

Die Papierauswahl hängt von der Verwendung ab: Wenn Sie eine Karte anfertigen wollen, ist die Papierstärke und Farbe entscheidend. Bei Papieren für Verzierungen sind auch Textur, Oberflächenveredelung sowie Muster und Material von Bedeutung. Schöne Effekte erzielen Sie mit Natur- und Transparentpapieren sowie mit Metallic- und Schimmeroberflächen.

Im Fachhandel finden Sie eine große Auswahl an **unifarbenen Papieren.** Sie sind verschieden benannt und unterscheiden sich vor allem durch Papierstärke und Textur. Zum Anfertigen von Karten geeignet sind so genannte Ton-, Bastel- oder Künstlerkartone mit einem Gewicht von ca. 160 g/qm bis 220 g/qm. Sie sind mit verschiedenen Oberflächenveredelungen erhältlich, z. B. Metallic oder Perlmuttoberflächen oder als Duo-Karton, d. h. jede Seite des Papiers hat eine andere Farbe. Auch geprägte Kartone finden Sie in großer Auswahl. Für Verzierungen sollten Sie dünneres Papiere (bis ca. 130 g/qm) verwenden, vor allem, wenn Sie eine Karte verschicken möchten und auf das Gewicht achten müssen. Beim Scrapbooking wird mit so genannten Cardstockpapieren gearbeitet, das sind säurefreie Papiere.

Eine besonders große Vielfalt an **gemusterten Papieren** finden Sie bei Materialien für Scrapbooking: Blumen, grafische Muster, Ornamente, Schriften, Leinwandlook und vieles mehr – lassen Sie sich von diesen Papiere zu individuellen Karten inspirieren!
Viele Anbieter haben auch marmorierte oder gesprenkelte Papiere im Standardprogramm.

Das lichtdurchlässige **Transparentpapier** ist in einer großen Auswahl an Farben und Mustern erhältlich, teils als A4-Bogen zugeschnitten, teils aufgerollt. Das Papier lässt sich gut mit dem PC mit Schriftzügen gestalten. Sehr hochwertig ist das festere Pergamentpapier.

In **Naturpapieren** sind noch viele Pflanzenfasern enthalten. Besonders schön sind handgeschöpfte Naturpapiere, die zum Teil Einlagen aus Blumen oder Gräsern enthalten. Zum Abtrennen eines Stückes vom Naturpapier mit einem nassen Pinsel die Reißkanten anzeichnen und an dieser Stelle dann abreißen. So entstehen schön unregelmäßige Kanten.

Karten erhalten Sie in verschiedenen Größen und Formaten, manche Modelle haben bereits Passepartoutausschnitte in die Front geschnitten. Diese lassen sich wirkungsvoll mit Designelementen rahmen und hinterlegen. In der Tabelle sind die Standardgrößen von Karten aufgeführt.

Bezeichnung der Karte	Größe des Papiers (Breite x Höhe)
DIN A6/C6 (quer)	10,5 cm × 14,8 cm
DIN A5	14,8 cm × 21 cm
DIN A4	21 cm × 29,7 cm
DIN lang	10,5 cm × 21 cm
Quadratische Karten	13,5 cm × 13,5 cm
	alle Klappkarten müssen in doppelter Breite zugeschnitten werden

Tipps & Tricks

◆ Papiergewichte können je nach Hersteller variieren. Zum Anfertigen von Kartenrohlingen benötigen Sie ein kräftiges Papier, das auch nach dem Aufkleben von Verzierungen seine Stabilität nicht verliert. Fühlen Sie am besten vor dem Kauf das Papier, so können Sie gut beurteilen, ob es den Anforderungen standhalten wird.

◆ Bei einem Flächengewicht bis 150 g/qm spricht man von Papier, bis 600 g/qm von Karton, darüber von Pappe.

◆ Interessante selbst geprägte Papiere lassen sich mithilfe von Prägematten und Prägestiften herstellen. Mit einem Prägegerät, das mehrere Prägepunkte auf der Unterseite hat, kreist man innerhalb weniger Sekunden über das Papier. Schärfere Konturen erzielt man mit einem Prägestift mit feiner oder mittlerer Spitze (je nach Motivgröße).

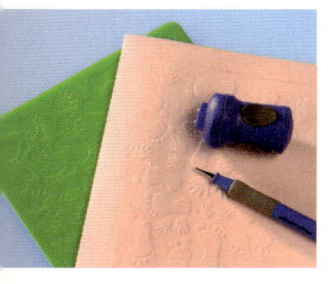

◆ Durch das Anfertigen der Designelemente aus Musterpapieren können Sie alle im Buch gezeigten Karten schnell abwandeln.

GRUNDLAGEN

KLEBSTOFFE

Wer die Wahl hat, ... - vielleicht haben Sie mit diesen Worten im Kopf schon einmal vor dem Klebstoffregal im Fachhandel gestanden? Dabei ist die Auswahl einfach, wenn Sie diese Tipps beachten.

Wählen Sie für Papierarbeiten am besten einen lösungsmittelfreien Klebstoff. Diese Klebstoffe sind geruchsneutral und nicht feuergefährlich.
Alleskleber ist für Papier, Pappe, Holz und viele andere feste und flexible Materialien geeignet. Er wellt das Papier nicht und ist nach dem Zusammenkleben noch kurz nachkorrigierbar.
Bastelkleber klebt alle gängigen Bastelmaterialien schnell und dauerhaft.
Zum Verkleben von Papieren kann auch ein **Klebestift** (auch als Klebefix erhältlich) verwendet werden.
Zum Aufsetzen von Verzierungen können Sie eine **Heißklebepistole** oder **3D-Kleber** verwenden. Da der Klebstoff nicht flächig, sondern nur punktuell aufgetragen wird, ergibt sich ein schöner 3D-Effekt.
Dreidimensionale Effekte erzielen Sie auch mit **Klebepads oder Abstandsband** (unten im Bild), beidseitig klebenden Schaumstoffstücken bzw. doppelseitig klebendem Band.
Für Verzierungen eignet sich **Glitter Glue,** ein Glitzerkleber, mit dem funkelnde Muster aufgesetzt werden können.

Tipps & Tricks

◆ Klebstoff hält am besten, wenn er sehr gleichmäßig und dünn, nur etwa 1 mm dick, aufgetragen wird.

◆ Zum flächigen Aufkleben von Papier eignen sich besonders gut ein Klebestift oder Sprühkleber.

◆ Arbeiten Sie mit UHU tropffrei Kleber, lassen sich Klebereste rückstandslos wieder wegrubbeln.

ACHTUNG!

◆ Seien Sie vorsichtig im Umgang mit Heißklebepistolen, der unachtsame Umgang kann schnell zu Verbrennungen führen. Greifen Sie am besten auf ein Niedrigtemperaturgerät zurück. Kinder sollten nicht mit einer Heißklebpistole arbeiten.

VERZIERMATERIALIEN

Zum Kartengestalten lassen sich nahezu alle Dekorationsmaterialien verwenden, neben gekauften Verzierungen auch viele Fundstücke wie Muscheln, Ästchen und Münzen.

Mit **Bändern** lassen sich Anhänger oder Zierteile an Karten befestigen sowie Einlegeblätter fixieren. Auch mit Draht, Paketband, Wolle, Stick- und Metallgarnen entstehen raffinierte Dekorationen.
Ein zum Anlass passender **Aufkleber** oder ein **Metall-, Plastik-** oder **Holz-Zierteil** ist ideal, wenn Sie einmal wenig Zeit haben. Eine schöne Ergänzung zu vielen Kartentechniken sind die so genannten **Zier-** oder **Konturensticker.** Damit können Sie z. B. leere Ecken verzieren oder Schriftzüge anbringen.
Ob Sie **Perlen** aufsticken oder aufkleben, an Bändern befestigen und anhängen – mit ihnen werden selbst simple Karten zu individuellen Kunststücken. Schöne Effekte erzielen Sie auch mit **Strasssteinen** und **Knöpfen.**
Halten Sie immer eine Auswahl an **Filz- und Buntstiften** bereit, mit denen sich Muster und Schriften aufmalen oder Stempelmotive ausmalen lassen.
Auch **Zierrandscheren** zum dekorativen Gestalten des Papierrandes sind eine schnelle Idee für tolle Effekte.

WORKSHOP

Tipps & Tricks

◆ Vergessen Sie beim Zuschneiden von Karten nach Schritt 2 nicht, eventuell noch vorhandene Bleistiftstriche vom Anzeichnen der Papiermitte wegzuradieren.

GrundTECHNIKEN

Karten zuschneiden

Warum versuchen, mit der Schere einen perfekten, geraden Schnitt zu erhalten, wenn es doch mit dem richtigen Werkzeug ganz einfach geht – und garantiert gelingt? Wenn Sie häufiger Papier zuschneiden wollen, lohnt sich die Anschaffung einer Papierschneidemaschine, wahlweise können Sie auch mit Cutter, Schneidematte und Metalllineal arbeiten. Zum Falten der Karte sollten Sie ein Präge-Utensil und ein Falzbein bereithalten.

Schritt für Schritt erklärt

1 Mit Schneidemaschine zuschneiden
Für eine rechteckige A6 oder C6-Karte die Mitte des A4-Papieres markieren und an dieser Linie mit einer Schneidemaschine (hier ist es eine Rollschneidemaschine) trennen. Sie erhalten zwei A5-große Bogen. Alternativ mit Metalllineal und Cutter zuschneiden.

2 Falzen
Die Mitte des A5-Bogens ausmessen und mit Bleistift markieren. Dann ein Lineal anlegen und ein Falzbein (senkrecht halten), einen dünnen Prägestift oder einen leer geschriebenen Kugelschreiber daran entlang ziehen. So wird die Linie eingedrückt und die Karte kann mühelos gefaltet werden.

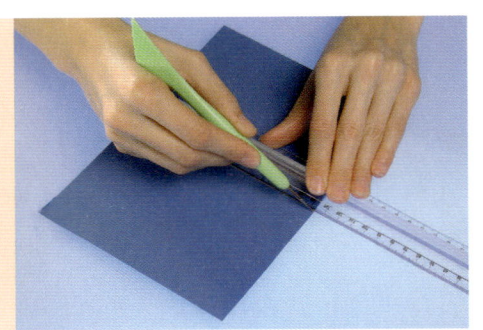

3 Zusammenfalten
Die Karte zusammenfalten. Dabei darauf achten, dass die Ecken exakt übereinander liegen. Mit einem flach angesetzten Falzbein die Faltkante nachziehen.

GRUNDLAGEN

Schneiden mit Metalllineal und Bastelmesser

Zum Schneiden wie ein Profi benötigen Sie nicht viel: einen sauberen, ebenen, schnittfesten Untergrund, einen scharfen Cutter oder ein Skalpell, ein Metalllineal – und eine ruhige Hand.

Die Schnittlinie mit einem Bleistift (HB) markieren; zwei bis drei kurze Striche genügen, um das Lineal korrekt anlegen zu können. Das Papier auf eine Schneideunterlage legen und das Lineal an den Markierungen anlegen. Nun den Cutter im 45-Grad-Winkel ansetzen und mit etwas Druck zum Körper ziehen. Nicht zuviel Druck ausüben, sonst verschiebt sich das Papier und es kommt zu ungeraden Schnitten. Beim Schneiden am besten hinstellen, so können Sie das Schneidemesser beim Herunterziehen besser am Lineal entlang führen.

Reißen am Lineal

Interessant gerissene Kanten, aber dennoch genau dort, wo Sie sie haben wollen? – Das erhalten Sie, wenn Sie das Papier mithilfe eines Lineals reißen. Dazu das Lineal mit einer Hand fest auf das Papier drücken (benötigter Teil liegt wie beim Schneiden von Papier unter dem Lineal). Mit der anderen Hand das überstehende Papierstück anheben und an der Linealkante entlang zum Körper hin abreißen. Für eine raue Kante schnell, für eine saubere Kante langsam reißen.

Im Fachhandel erhalten Sie mittlerweile Reißlineale mit unterschiedlichen Kantenformen, beispielsweise für gewellte Ränder. Platzieren Sie diese Dekorschienen so, dass auf der Seite, die sie abreißen möchten, noch mindestens 4 cm Papier hervorschauen. Für weichere Abschlüsse können Sie das Papier entlang der Reißkanten auch mit einem Wattebausch befeuchten.

Tipps & Tricks

◆ Legen Sie das Lineal beim Schneiden immer so, dass es den Teil des Papiers, den Sie benötigen, bedeckt. Sollten Sie doch einmal mit dem Bastelmesser abrutschen, beschädigen Sie Ihr Papierstück nicht, sondern schneiden in den Abfall.

◆ Beim Schneiden von stärkerem Papier den Cutter vor dem eigentlichen Schnitt zuerst mit wenig Druck am Lineal entlang führen. Erst dann mit mehr Druck schneiden. Ggf. auch mehrmals die Schnittlinie entlang fahren, bis das Papier durchtrennt ist.

◆ Zum Übertragen einer Vorlage mithilfe von Transparentpapier auf dunkles Papier verwenden Sie einen weißen Buntstift (statt eines weichen Bleistiftes) beim Nachzeichnen der Linien auf der Rückseite.

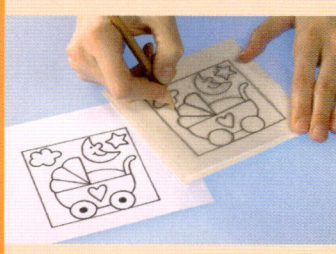

PROFITIPPS

Vorlagen übertragen mit Transparentpapier
Die Vorlage mit einem Bleistift auf Transparentpapier abzeichnen. Dann auf der Rückseite die Linien mit einem weichen Bleistift nachzeichnen oder schraffieren. Nun die Vorlage wieder wenden, auf die Karte legen und die Linien mit einem harten Bleistift nachzeichnen. Das Bleistiftgrafit von der Rückseite wird so übertragen.

Schablonen anfertigen
Zum Übertragen von Außenformen eignen sich Schablonen: Die Vorlage auf Pappe oder festes Transparentpapier übertragen und ausschneiden, dann auf das gewünschte Material legen und mit einem Bleistift umfahren.

WORKSHOP

Tipps & Tricks

◆ Nach dem Ausschneiden sollte das mittlere Papierstück aus dem Ausschnitt herausfallen. Falls das einmal nicht klappt, das Papier in den Ecken vorsichtig mit einem Bastelmesser nachschneiden. Versuchen Sie nicht, es herauszudrücken, dabei beschädigen Sie meistens die Karte.

◆ Statt einen Ausschnitt auszuschneiden, können Sie auch eine zugeschnittene Form auf die Karte aufkleben (siehe Karte auf Seite 13). Das gelingt gut mit doppelseitigem Klebefilm oder mit Abstandspads, durch die Sie einen plastischen Effekt erzielen.

Passepartout-Ausschnitte anfertigen

Ob Sie ein Foto hinter einen Ausschnitt setzen wollen oder ein besonders hübsch verziertes Papier – Passepartoutkarten geben dem Kartengestalten viel Spielraum. Sie können diese Karten selbst anfertigen oder fertig kaufen. Im Fachhandel können Sie zwischen verschiedenen Ausschnittformen wie Vierecken, Kreisen, Herzen und mehr wählen.

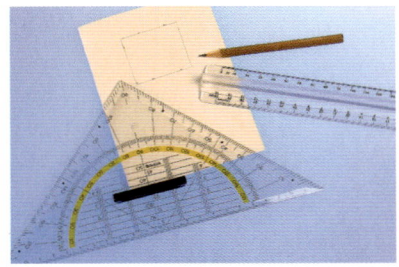

Mithilfe von Bleistift (HB) und einem Lineal, Zirkel oder einer Kreisschablone (bei geometrischen Formen) oder einer selbst erstellten Schablone (bei freien Formen) den gewünschten Ausschnitt auf die Kartenfront zeichnen. Bei eckigen Formen mit einem Dreieck die Winkel überprüfen.

Mit einem scharfen Bastelmesser und einem Metalllineal den Ausschnitt ausschneiden. Das Lineal so anlegen, dass bei einem versehentlichen Abrutschen des Schneidemessers die Karte nicht versehrt, sondern in die auszuschneidende Fläche geschnitten wird. Das Papier immer wieder drehen, so dass Sie stets zum Körper hin und nicht über die Markierungen hinweg schneiden.

Ausschnitte hinterkleben

Zum Hinterkleben eines Ausschnittes benötigen Sie ein gestaltetes Papierstück, ein Foto oder Ähnliches, das mindestens 5 mm größer als der Ausschnitt ist.
Um den Ausschnitt herum beidseitig klebenden Klebefilm setzen. Dann die zweite Lage des Schutzpapiers entfernen, das Papierstück mit der gestalteten Fläche nach unten (zur Arbeitsfläche hin) auflegen und andrücken.
Manchmal ist es einfacher, das Motiv mit der gestalteten Seite nach oben auf die Arbeitsfläche zu legen und die Karte mit dem Ausschnitt knapp über dem Papier zu positionieren und darauf zu kleben.

Bei einfachen Klappkarten nun die Rückseite mit einem separaten Papierstück (Deckblatt) überkleben. Dabei können Sie ein farblich gleiches oder ein kontrastfarbenes Papier wählen. Es sollte zu allen Seiten 2 mm kleiner als die Karte sein.
Professionell gestaltet sehen zweifach gefaltete Klappkarten aus. Hier wurde der mittlere Teil gestaltet und der linke Flügel darüber fixiert. Beachten Sie, dass diese einklappbare Seite der Karte ca. 2 mm kürzer als die anderen sein sollte.
Zum Kleben können Sie beidseitig klebenden Klebefilm, Bastelkleber oder einen Klebestift verwenden. Bei den beiden letzten sind noch Korrekturen möglich, sollte einmal etwas verrutscht sein.

GRUNDLAGEN

Einlegeblatt anfertigen

Manchen Karten gibt es das gewisse Etwas, bei anderen Karten ist ein Einlegeblatt unumgänglich – beispielsweise wenn Sie auf einem dunklen Kartengrund schreiben möchten.
Wählen Sie für das Einlegeblatt dünneres Papier oder Transparentpapier aus und schneiden Sie es ca. 5 mm kleiner als die Karte zu.

Ein einfaches Einlegeblatt wird rechts von der gefalteten Kartenmitte angebracht. Dazu doppelseitigen Klebefilm (etwas kürzer zugeschnitten als das Blatt hoch ist) auf der Rückseite des Einlegeblattes aufsetzen oder einen schmalen Streifen Klebstoff auftragen. Nun das Einlegeblatt in der geöffneten Karte positionieren. Die Karte vorsichtig nach links schließen und an der Knickstelle gut andrücken.

Sie können auch ein doppeltes, in der Mitte gefaltetes Einlegeblatt anfertigen und es wie oben beschrieben einkleben oder es mit einem Band einbinden bzw. es in der Kartenmitte festnähen. Dekorieren Sie doch das Band zusätzlich mit Perlen oder Papieranhängern!

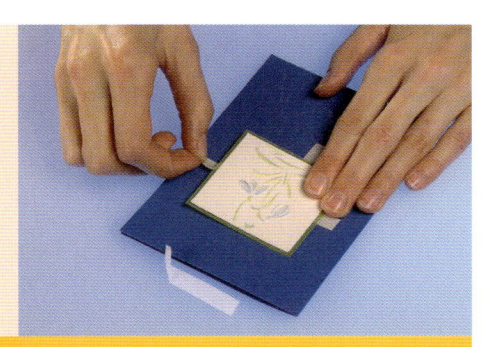

Tipps & Tricks

◆ Einlegeblätter erhalten das gewisse Etwas, wenn sie an den Seiten oder Ecken mit Motivlochern gestaltet werden (siehe Seite 22).

◆ Überprüfen Sie vor dem Festkleben der Dekoration, ob sie waagerecht sitzen. Dazu benötigen Sie ein Dreieck.

◆ Einen besonders plastischen Effekt beim Aufkleben von Dekorationen erzielen Sie durch das Arbeiten mit Abstandsband. Sie erhalten dieses beidseitig selbstklebende Band in verschiedenen Breiten. Damit können Sie wie in der Schrittanleitung beschrieben arbeiten.

Verzierungen positionieren

Es ist nicht so einfach, Verzierungen auf der Karte korrekt anzubringen, und sehr ärgerlich, wenn jetzt noch etwas schief geht! Mit der hier gezeigten Methode können Sie die Verzierungen nach Wunsch platzieren und erst, wenn Ihnen alles gefällt, fixieren.

Schritt für Schritt erklärt

1 Dekoration vorbereiten und platzieren
Auf der Rückseite der Dekoration an allen Rändern doppelseitigen Klebefilm anbringen. Den Schutzfilm an den Ecken etwas lösen und umklappen, so dass man das Schutzpapier von vorne sehen kann. Dann die Dekoration auf der Karte platzieren. Verschieben Sie sie so lange, bis Ihnen die Position gefällt, dann drücken Sie eine Ecke der Dekoration nach der anderen auf die Karte.

2 Dekoration festkleben
Die Dekoration nun in der Mitte fest auf die Karte drücken und die Schutzstreifen an allen Seiten entfernen.

WORKSHOP

Tipps & Tricks

◆ Vor dem Gestalten einer Karte sollten Sie sich einige Fragen beantworten, die Ihnen das Gestalten individueller Papierkreationen erleichtern werden: Für wen ist die Karte? Zu welchem Anlass gestalten Sie sie? Mit welchen Materialien möchten Sie arbeiten? – Diese Fragen spielen dabei ebenso eine Rolle wie Ihr eigener Geschmack.

◆ Oftmals gibt der Anlass, zu dem eine Karte gestaltet wird, bereits erste Gestaltungselemente vor. Lassen Sie sich davon inspirieren und überlegen Sie, wie Sie aus Ihrer Karte etwas Besonders, etwas sehr Individuelles machen können! Wenn Sie einen festen Adressaten haben, können Sie zum Beispiel in seinen Lieblingsfarben arbeiten oder Gestaltungselemente in einem bestimmten Stil auswählen.

◆ Setzen Sie auch Akzente durch das Arbeiten in verschiedenen Ebenen, zum Beispiel durch den Einsatz von Abstandsband, und kombinieren Sie verschiedene Materialien zu einem harmonischen Gesamtbild.

GrundREGELN der GESTALTUNG

Layout

Kombinieren Sie so lange die ausgewählten Elemente, bis Ihnen das Gesamtbild der Karte gefällt. Die unten stehende Übersicht ist eine kleine Hilfe bei der Platzierung. Ist der Abstand zwischen den Gestaltungselementen zu groß oder ist die Platzierung nicht gefällig, kann das den Gesamteindruck Ihrer Karte schnell negativ beeinflussen.

Verwenden Sie am besten eine ungerade Zahl an Gestaltungselementen, wenn Sie in Spaltenform auf einer rechteckigen Karte arbeiten. Besonders harmonisch für das Auge wirken drei Elemente.

Quadratische Karten sehen mit einer geraden Zahl an Gestaltungselementen verziert gelungen aus. Das Gestaltungselement kann wiederholt oder variiert werden, weitere Möglichkeiten stehen durch verschiedene Farbkombinationen offen.

Platzieren Sie ein einzelnes Element auf einer hochformatigen Karte im oberen Drittel, so dass es zu den seitlichen und der oberen Kante etwa den gleichen Abstand hat. Ein mittig auf der Karte platziertes Element wirkt schnell verloren.

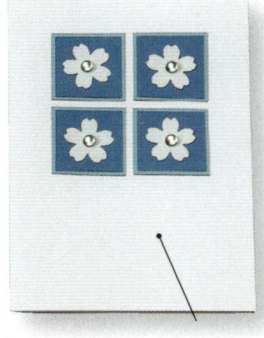

Auch auf einer rechteckigen Karte sehen vier Elemente harmonisch aus. Gruppieren Sie sie eng beieinander, im oberen Drittel, sonst wirkt das Design nicht ausgewogen.

Ein einzelnes Gestaltungselement in der Mitte einer quadratischen Karte platziert ist ein schlichtes, aber wirkungsvolles Design und eignet sich gut, wenn Sie Serienproduktionen anfertigen. Die Wirkung ist am besten, wenn der Abstand zu allen Seiten der Karte gleich groß ist.

Eine schlichte Gestaltung kann durch die Verwendung edler Papiere, hier mit schimmernden Blätterranken bedrucktes Transparentpapier, enorm aufgewertet werden. Auch die Farbabstufungen in der Wahl des Hintergrundquadrates gibt der Karte das gewisse Etwas.

GRUNDLAGEN

Farbwahl

Die Basis Ihrer Kartengestaltungen sollte Ihr persönlicher Geschmack sein, wenn Sie aber noch etwas mehr über die Wirkung und das Zusammenspiel verschiedener Farbtöne erfahren wollen, helfen Ihnen diese Zeilen weiter.

In der Farblehre unterscheidet man zwischen Primär-, Sekundär- und Tertiärfarben. Die Grundfarben sind Rot, Blau und Gelb. Sekundärfarben sind Mischtöne der Grundfarben: Grün (aus Gelb und Blau), Orange (aus Gelb und Rot) sowie Lila (aus Blau und Rot). Werden die Farben weiter gemischt, erhält man Tertiärfarben, zum Beispiel Braun aus Rot, Gelb und Blau. Etwas Grundwissen über die Wirkung der Farben hilft Ihnen bei der Gestaltung Ihrer Karten, etwa um Farbharmonien (im Farbkreis benachbarte Farben) oder Farbkontraste (im Farbkreis gegenüberstehende Farben) zu erzielen.

Die Unterscheidung nach so genannten **warmen und kalten Farben** beeinflusst die Wirkung von Karten. Als warme Farben gelten Gelb- und Rottöne, als kalte Farben Blau- und Grüntöne. Warme Farben stechen aus dem Umfeld hervor – sie wirken wie ein Signal – und kalte Farben treten in den Hintergrund. Bei Verwendung von Metalltönen kombinieren Sie kalte Farben mit Silber, warme Farben mit Gold, Bronze oder Kupfer.

Einfache, aber wirkungsvolle Kombinationen gelingen durch die Verwendung von Papieren und Designelementen in verschiedenen Nuancen eines Farbtones bzw. in den Farben, die im Farbkreis direkt nebeneinander stehen, d. h. **Tonigkeit** bzw. **Kontrast** werden eingesetzt

Auffallende Buntheit, geradezu eine kindliche Fröhlichkeit, entsteht durch das Kombinieren von Kontrastfarben. So bezeichnet man die Farben, die sich im Farbkreis gegenüberstehen: zum Beispiel Rot und Grün oder Lila und Gelb. Pastellfarben sind mit Weiß abgestufte Töne einer Farbe. In diesen zarten Farbtönen können besonders dezent wirkende Karten gestaltet werden, auch Kontrastfarben fügen sich nun harmonischer zusammen und wirken weniger bunt.

Besondere **Anlässe** werden beinahe intuitiv mit bestimmten Farben verbunden: Valentinstag mit Rot und Rosa sowie der Herbst mit Gelb, Rot, Orange, Grün und Braun oder Weihnachten mit Tannengrün, Apfelrot und warmen Metalltönen.

Machen Sie sich das zunutze! Für jahreszeitliche Gestaltungen beispielsweise für Geburtstagskarten genügt ein Blick in den Garten oder ein Bummel durch das Gartencenter, hier finden Sie Inspiration in Hülle und Fülle. Probieren Sie auch einmal ungewöhnliche Farbkombinationen aus, ein guter Ideengeber ist aktuelles Stoffdesign von Haushaltswäsche und Servietten.

Hinweise

◆ Zwei der gezeigten Karten werden nicht noch einmal im Buch beschrieben:
Für die Winterkarte die ausgestanzte Schneeflocke auf ein 3 cm großes blaues Quadrat kleben, dieses auf ein größeres Stück himmelblauen Karton setzen und mit ca. 2 mm Rand ausschneiden. Das Ganze klebt mittig auf einem 7 cm großen weißen Prägekarton, der wiederum mit blauem Karton hinterlegt wird. Die winterliche Wirkung unterstreicht die hellblau marmorierte Karte.
Für die Karte mit Herzen die aus Naturpapier gestanzten Herzen auf Strohseide kleben und diese zu ca. 3,5 cm großen Quadraten ausreißen. Als Karte wird hier fliederfarben marmorierter Karton verwendet.

WORKSHOP

Karten beSCHRIFTen

Tipps & Tricks

◆ Gestempelte Schriftzüge können auch embosst werden (siehe Seite 61), dadurch entsteht ein sanftes Relief.

◆ Beschriftungen können auch mittels Schrumpffolie aufgebracht werden, wie bei der Karte auf Seite 27. Beachten Sie die Anleitung auf Seite 64.

Was ist eine Grußkarte ohne Gruß? Dabei gibt es die unterschiedlichsten Möglichkeiten des Beschriftens, eine Auswahl kreativer Ideen sehen Sie hier.

Echt handgemacht ist dieser Anhänger. Wer keine schöne Handschrift hat, kann sich von Computerschriften inspirieren lassen.

Mit dem Computer gestaltet und auf Transparentpapier oder dünnes Papier ausgedruckt. Den Druck nach Belieben ausschneiden oder reißen und dann aufkleben oder mit Ösen bzw. Brads anbringen.

Schön gestempelt: das geht ganz schnell, gelingt garantiert und ist für Serienproduktionen die optimale Lösung.

Das Anfertigen dieser Schrift ist etwas aufwändiger, aber der Effekt einmalig: die Blockbuchstaben werden gestickt, eine Prickelschablone dient als Vorlage.

Mit Buchstabenschablonen, die es einzeln zum individuellen Zusammensetzen oder als Grußvorlage gibt, kann geprägt und farbig gestaltet werden.

Selbstklebende Konturensticker, die in verschiedensten Textvarianten sowie als Zahlen und den Farben Gold oder Silber erhältlich sind, werden einfach aufgeklebt.

GRUNDLAGEN

Briefumschläge anfertigen

Briefumschläge in verschiedenen Farben und Größen können Sie im Hobbyfach- oder Schreibwarenhandel sowie in Papeteriegeschäften kaufen – oder sie selber machen. Mit ein wenig Know-how sehen die selbst angefertigten Briefumschläge professionell aus und geben Ihnen auch bei nicht handelsüblichen Kartenformaten die Möglichkeit, Ihre Karten stilvoll zu „verpacken".

Zum Anfertigen von Briefumschlägen sind die unterschiedlichsten Papiere geeignet: edel wirken Natur- oder Transparentpapier, preiswert und durch seine Design-Vielfalt vielseitig einsetzbar ist Geschenkpapier. Witzige Umschläge entstehen auch aus Magazinseiten, hier können Sie ganz auf die Interessen des Adressaten eingehen: Comics für Klein und Groß, bunte Kinder- oder Kreativseiten, Werbung, Mode, Reise ...
Verwenden Sie Papier mit einem Gewicht von etwa 120 g/qm, dieses lässt sich gut falten und bietet Karten beim Versenden ausreichend Schutz.

Schritt für Schritt erklärt

1 Form ermitteln
Ein A4 oder A3 großes Blatt Papier nehmen (entsprechend der Kartengröße) und die Karte darauf legen, dabei unten mehr Abstand als oben halten. Dann zuerst Unter- und Oberseite, dann die Seiten falten.

2 Schablone anfertigen
Die Seitenlaschen anzeichnen: Sie sind unten leicht und oben stark abgeschrägt (allerdings kleine Rechtecke bis zur Höhe der unteren Lasche stehen lassen). Die untere Lasche ist ca. vier Fünftel der Höhe des Umschlags lang und wird an den Seiten etwas abgeschrägt. Die obere Lasche, ebenso abgeschrägt, sollte noch etwa 3 cm über die untere reichen.

3 Briefumschlag zuschneiden
Nun den Umschlag ausschneiden, falten und mit Klebstoff, Klebestift oder doppelseitigem Klebeband (je nach Stärke des Materials) zusammenkleben. Zuerst die Seitenlaschen aufeinander falten, darüber die untere Lasche kleben.

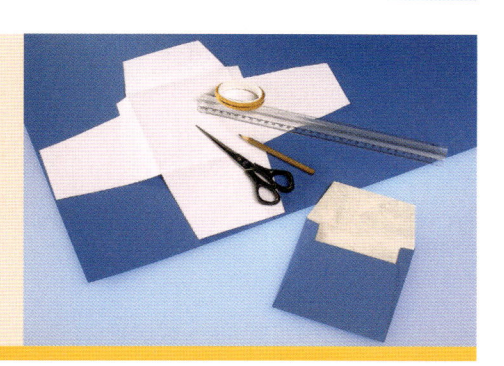

Tipps & Tricks

◆ Stimmen Sie doch den Briefumschlag auf Ihre Karte ab und greifen Sie einige Designelemente wieder auf! Ein Beispiel sehen Sie auf Seite 19.

◆ Überraschende Effekte erzielen Sie, wenn Sie das Briefumschlaginnere mit einem anderen Papier gestalten. Dafür wird der Mittelteil des Umschlags mit Transparentpapier, Strohseide oder einem anderen hübschen Motivpapier beklebt (siehe Briefumschlag in Schritt 3).

◆ Handelsübliche Briefumschläge können mit Ösen und Bändern verziert werden. Die Anleitung zum Anbringen der Ösen finden Sie auf Seite 53.

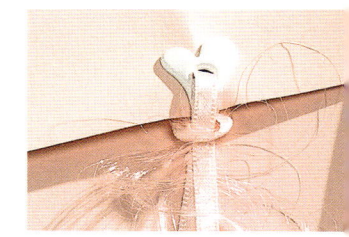

Herzen

Eine Doppelkarte falten, mit Strohseide überkleben (mit Sprühkleber oder Klebestift) und den Überstand abschneiden.
Fotokartonreste mit farbiger Strohseide bekleben und 3 cm breite Streifen schneiden: 7 cm und 1,5 cm lang. Für die Streifen mit Herz (mit Motivlocher stanzen) den kurzen unten auf den langen kleben und dazwischen einen schmalen goldfarbenen (3 mm breit) setzen.
Die Elemente wie gezeigt variieren. Der rote Streifen auf der querformatigen Karte ist 3 mm breit. Bei der anderen Karte ca. 7 cm Perlen auf ein 20 cm langes Drahtstück fädeln, und das Band ca. 3,5 cm vom unteren Rand und 2 cm von den Seiten entfernt anbringen. Dazu Löcher stechen und die Drahtenden auf der Rückseite verdrehen.

MATERIAL PRO KARTE

- Künstlerkarton in Weiß, 18 cm x 23 cm, und Reste
- Strohseide in Weiß mit Goldeinschlüssen, 19 cm x 12 cm
- Strohseidenreste in Orange, Rot und Violett
- Fotokartonreste in Rot und Gold
- Motivstanzer: Herz, 2,5 cm hoch
- evtl. Perlenmix in Rottönen und Gold
- evtl. dünner Golddraht, 20 cm lang

IDEENINSEL

MATERIAL

- Doppelkarte in Weiß oder Hellgrün, 11,5 cm x 23 cm, und Rest in Hellgrün
- Tonkartonreste in Blau, Hellblau und Weiß
- Packpapierrest
- Papierrest in Weiß
- Motivstanzer: Baum, 4,5 cm hoch
- Lackmalstift in Weiß
- Buntstifte in Pink, Rosa, Weiß, Braun, Hell-, Mittel- und Dunkelgrün

Bäume

Für die Winterkarte den Baum aus dem blauen Quadrat, 7 cm, ausstanzen und mit weißem Papier hinterkleben. Das blaue Quadrat auf ein größeres Stück hellblauen Karton kleben und mit einem Rand von ca. 2 mm ausschneiden. Mit einem Lackmalstift Schneeflocken und Hügellandschaft aufmalen und mit einem weißen Buntstift schattieren. Das Motiv mittig auf die Karte kleben.
Bei der Sommerkarte einen schmalen grünen Streifen, ca. 1,5 cm hoch, auf das weiße Quadrat kleben und mit Buntstiften schattieren. Den Baum aus Packpapier stanzen und aufkleben. Blüten und Blätter laut Abbildung aufmalen.

Blütenzeit

In die Karte einen quadratischen Ausschnitt von 5 cm schneiden (2 cm vom linken und 3 cm vom oberen Rand entfernt).
Das hellgrüne Kartonquadrat, 6 cm, hinter den Ausschnitt kleben. In ein kleineres lindgrünes Quadrat, 5 cm, vier Blumen stanzen und sie mit bunten Papierresten hinterkleben.
Aus Kartonresten 24 Blüten stanzen. In den Ausschnitt zusammengesetzte, auf die ausgestanzten mit Abstandspads Einzelblüten kleben. Das Quadrat mit Abstandsband unter den Ausschnitt kleben. Die restlichen Blüten platzieren und dazwischen Punkte malen. Die Blütenmitten mit Halbperlen oder Glitzerkleber gestalten. Für den Tautropfeneffekt auf den Blütenblättern sorgt 3D-Kleber.

MATERIAL
- Doppelkarte in Weiß, 16,8 cm x 12 cm
- Tonkartonreste in Weiß, Hellgelb, Rosa, Violett und Grün
- Motivkartonreste in Hellgrün mit weißen und Lindgrün mit grünen Punkten
- Motivlocher: Blüte, ø 1,5 cm
- 9 Wachshalbperlen in Weiß
- Metallicstifte in Grün und Violett
- Glitzerkleber in Violett, Grün, Gelb und Rosa
- Abstandsband

GRUNDLAGEN

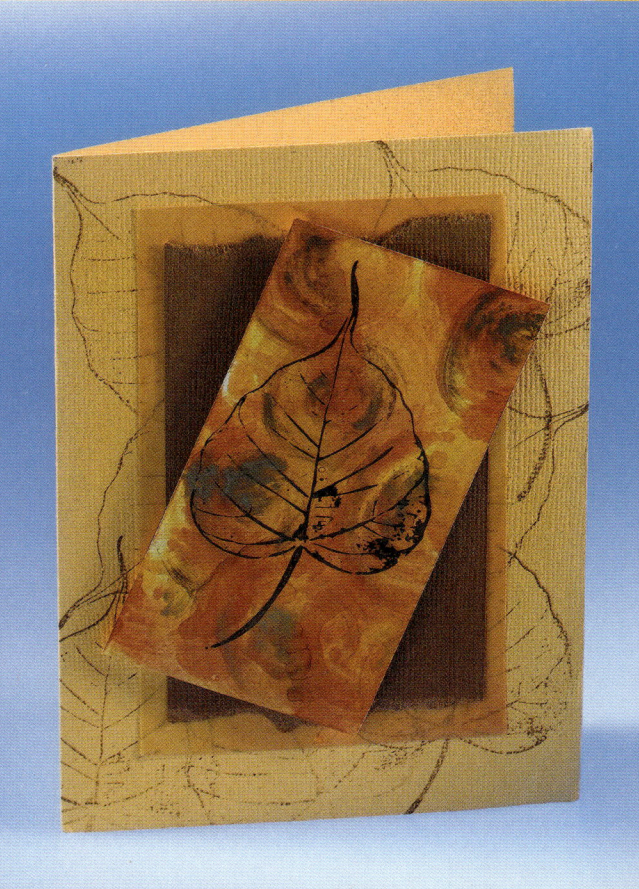

MATERIAL
- Doppelkarte in Aprikot, 14,7 cm x 21 cm
- Transparentpapier in Orange, 7,5 cm x 12 cm
- Tonkarton in Braun, 6,5 cm x 10,5 (oben und unten gerissen)
- Glanzkarton in Weiß, 5,5 cm x 10 cm
- Alkoholfarbe in Terrakotta, Butterscotch und Gold
- Alkoholliquid (Blending Solution)
- Stempel: Blatt, ca. 9 cm hoch
- Pigment-Stempelfarbe in Schwarz und Braun
- Wattepad oder Schwämmchen
- Abstandsband

Herbstblatt

Die Karten mit sanften Blattabdrücken bestempeln (mit Stempelfarbe bestrichenen Stempel erst ein paar Mal auf ein Schmierblatt drücken). Das Transparentpapier aufkleben und den braunen Kartonrest darauf setzen.
Für die Verzierungen die Alkoholfarben mit dem Schwämmchen nacheinander auf den Glanzkarton tupfen. Die Farbe trocknet sehr schnell. Zuletzt noch etwas goldene Metallicfarbe auftupfen. Nun Alkoholliquid darauf tropfen, dadurch verläuft die Farbe schön ineinander. Nach dem Trocknen mit wasserfester Stempelfarbe das Blatt aufstempeln.
Die Verzierung mit Abstandsband auf die Karte setzen.

2 SCHNEID- UND FALTTECHNIKEN

Eine Auswahl an verschiedenen Schneid- und Falttechniken lernen Sie in diesem Kapitel kennen. Eine schnelle Idee ist das Arbeiten mit Stanzmaschinen, die mittels raffinierter Schablonen selbst filigranste Motive ausschneiden, sowie das Gestalten mit Motivlochern. Letztere sind in großer Auswahl erhältlich und bieten dem kreativen Gestalten unerschöpflichen Spielraum. Echte Handarbeit sind Klappschnitte und Papier-Patchwork. Bei Letzterem entstehen aus zauberhaft gemusterten Papieren Papierkunstwerke.
Wie bei allen anderen Techniken zeigen wir Ihnen Schritt für Schritt, wie's gemacht wird.

Klappschnitte brauchen etwas Übung, sind aber faszinierend schön

Motivstanzer lassen sich vielseitig einsetzen

bei „Double Die" wird neben dem Motiv auch ein Schattenschnitt mit der **Stanzmaschine** angefertigt

als **Papier-Patchwork** lassen sich Reststücke kunstvoll arrangieren

SCHNEID- & FALTTECHNIKEN

Arbeiten mit STANZmaschinen

Für alle, die häufiger Karten mit akkurat geschnittenen, filigranen Motiven anfertigen möchten, ist eine Stanzmaschine die richtige Anschaffung. Es gibt verschiedene Modelle, sie funktionieren aber alle nach dem gleichen Prinzip: Die Motiv-Schablone wird mit aufgelegtem Papierstück zwischen den Platten platziert und durch die Maschine gekurbelt. In der Schablone sind dünne Metallstreifen in Musterform enthalten, die beim Durchkurbeln durch das Papier gepresst werden und das Motiv so ausstanzen.

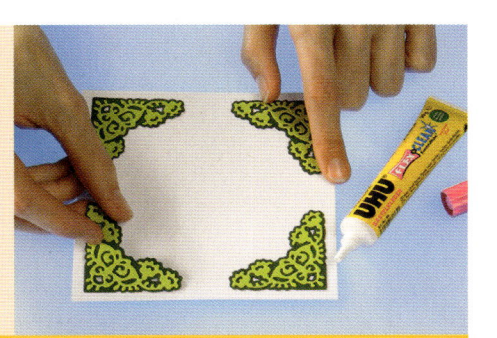

Tipps & Tricks

◆ Mit einer Stanzmaschine können auch Motive geprägt werden. Dazu statt einer Schneideschablone eine Embossingschablone und Papier durch das Gerät kurbeln.

Hinweis

◆ Wir zeigen Ihnen hier die Technik „Double Die" (englisch für „zwei Schablonen"). Dabei wird zuerst ein Hauptmotiv gestanzt und anschließend mit einer zweiten, dazugehörenden Schablone auch der Schattenschnitt des Motivs.

Schritt für Schritt erklärt

1 Motiv ausstanzen

Die zum Gerät gehörenden Abstandshalter und die Schneidematte nach Anleitung des Herstellers bereitlegen. Die Schablone mit der Schnittseite nach oben auf die Schneideplatte legen und das Papier darauf setzen. Dann die Deckplatte aufsetzen und das Ganze durch die Maschine kurbeln. Ebenso mit der zweiten Schablone verfahren.

2 Motivteile zusammenkleben

Nun die zwei Motivteile aus den Schablonen lösen (ggf. eine Pinzette verwenden) und die Papierreste entfernen. Dann die Motive aufeinander kleben.

3 Auf Karte kleben

Die zusammengeklebten Motive nun auf der Karte platzieren. Die Stanzteile können gut mit 3D-Motivbildern oder Fadengrafik komplettiert werden.

WORKSHOP

Tipps & Tricks

◆ Zum Stanzen eignet sich am besten Papier mit einem Gewicht bis 130 g/qm.

◆ Durch wiederholtes Stanzen durch gewachstes Papier schneidet der Stanzer exakter.

◆ Sollte der Stanzer stumpf sein, kann durch Alufolie oder Sandpapier gestanzt werden; das schärft ihn meistens wieder.

◆ Testen Sie besonders filigrane Formen zuerst mit dem gewünschten Papier aus: ist es zu dünn, kann es beim Entfernen des Stanzers zerreißen.

◆ Im Hobbyfachhandel finden Sie auch Quadrat- und Kreisstanzer in verschiedenen Größen, mit denen sie diese einfachen geometrischen Formen im Nu anfertigen können.

◆ Lassen Sie sich von den hier gezeigten Karten und Anhängern zu eigenen Gestaltungen inspirieren!

Gestalten mit STANZERN

Motivstanzer funktionieren im Prinzip wie Bürolocher: Ein Metallkörper im Inneren stanzt beim Zusammendrücken eine Form heraus – diese allerdings hat nichts mehr mit kreisrundem Lochkonfetti zu tun. Die vielfältigsten Motive von Herzen, Sternen, Blüten bis hin zu Hundepfoten und Asia-Motiven werden angeboten, dabei können Sie zwischen den unterschiedlichsten Größen von ca. 1 cm bis zu Riesenformaten von 5 cm wählen. Eine zusätzliche Bereicherung sind Stanzer für Eck- oder Randgestaltungen.

Motivstanzer sind der Klassiker unter den Stanzern und in einer großen Formenvielfalt sowie verschiedenen Größen erhältlich. Sie können sowohl das ausgestanzte Motiv als auch die Negativform verwenden.

An **Eckstanzern** ist eine Plastikhalterung zum Platzieren des Papiers befestigt, die ermöglicht, dass das Papier an allen Ecken gleich gelocht wird. Die Halterung ist abnehmbar, so dass der Stanzer auch wie ein normaler Motivstanzer verwendet werden kann.

Mit einer **Variante des Randstanzers** lässt sich der Rand auch komplett bearbeiten, nach dem Stanzen bleibt ein dekorativer Randabschluss stehen. Hübsch sieht es auch aus, wenn breitere Papierstreifen von beiden Seiten mit diesem Stanzer gestaltet werden.

Mit schmalen **Randstanzern** lässt sich der offene Seitenrand einer Karte gestalten – ein schneller Weg, um eine simple Karte aufzupeppen. Die Muster sind so konzipiert, dass sie sich unendlich verlängern lassen.

SCHNEID- & FALTTECHNIKEN

Motivstanzer anwenden

Motivstanzer lassen sich sehr vielseitig anwenden: Wir zeigen Ihnen Schritt für Schritt, wie Sie eine Karte mit einer gestanzten Blütenbordüre verzieren können. Ganz reizvoll sind aber auch die ausgestanzten Motive selbst, mit denen sich neue Karten gestalten lassen, beispielsweise die Schmetterlingskarte. Das Gestalten mit Motivstanzern geht sehr schnell und dank der großen Auswahl haben Sie im Handumdrehen zu jedem Anlass die passende Idee!

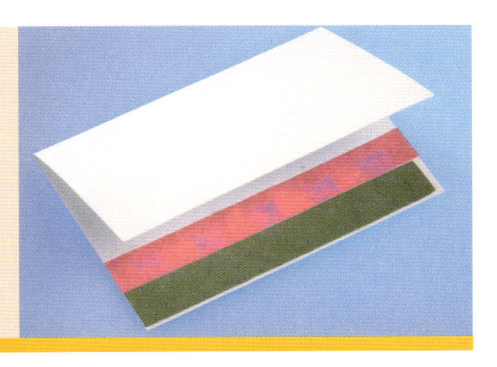

Tipps & Tricks

◆ Um ausgestanzte Blüten und andere Motivteile plastisch auszuarbeiten, kann man sie über die Rückseite der Scherenklinge, einen Stift o. Ä. ziehen, wie man es zum Beispiel mit Schleifenband tut, um es zu kringeln. Die Richtung der Wölbung wird durch das jeweilige Motiv bestimmt, im Beispiel wird jedes Blütenblatt der Karte von Seite 13 nach oben gewölbt.

◆ Auch die Schmetterlingskarte ist ganz schnell gemacht: Einfach die Schmetterlinge auf 3,5 cm große Quadrate kleben, diese mit bunten Papieren rahmen (siehe Seite 24) und auf die Karte kleben. Mit Filz- und Buntstiften sowie Glitzerkleber verzieren.

Schritt für Schritt erklärt

1 Stanzer positionieren
Das Papier in die Öffnung des Stanzers schieben. Für eine Bordüre wird es hier am äußeren Rand angesetzt. Das Motiv ausstanzen. Das ausgestanzte Motiv aufbewahren, denn damit lassen sich weitere Karten z. B. im Stil der Schmetterlingskarte verzieren.

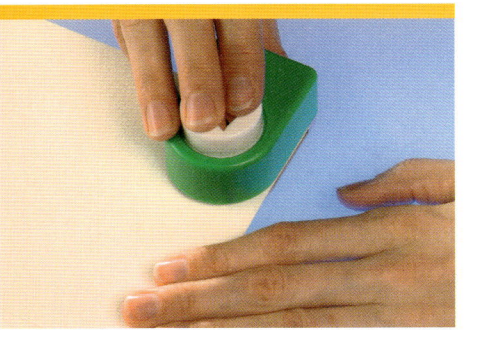

2 In Reihe stanzen
Nun das zweite Motiv stanzen. Dafür den Stanzer so ansetzen, dass der äußere Rand den des bereits gestanzten Motivs trifft. Wahlweise kann auch eine auf der Rückseite der Karte eingezeichnete Markierung genutzt werden. So fortfahren, bis alle Motive gestanzt sind.

3 Farbgestaltung
Die Tulpenbordüre nun von der Rückseite mit Papier hinterkleben, hier sind es ein grüner Streifen über den Blatt- und ein roter Streifen über den Blütenpartien. Darüber ein etwas kleiner als die Karte zugeschnittenes Deckblatt setzen.

23

WORKSHOP

Tipps & Tricks

◆ Mit Randstanzern können Einlegeblätter für Karten wirkungsvoll verziert werden.

Randstanzer platzieren

Manche Stanzer haben eine überbreite Grundform, auf der die Motive links und rechts vom Stanzer noch einmal aufgedruckt sind. Hier wird zuerst die Mitte gestanzt. Nun kann das gestanzte Motiv links oder rechts auf dem Vordruck platziert und so passend ein neues gestanzt werden.

Auf anderen Randstanzer ist kein weiteres Motiv angezeichnet, aber auch mit diesen können Bordüren gestaltet werden: Das erste Motiv stanzen. Zum Fortsetzen dann die Karte umdrehen, so dass die Stanzerunterseite oben ist. Nun den Stanzer platzieren: hier wird das Loch oben auf das bereits gestanzte Loch ausgerichtet. Wieder stanzen und so fortfahren, bis die Bordüre die gewünschte Länge hat.

PROFITIPPS

Rahmen für Verzierungen schneiden

Zum Schneiden eines Rahmens für eine Verzierung das gestaltete Papier auf ein etwas größeres, anders farbiges kleben und mit einem Rand von 2 mm bis 3 mm mit einer Schere (nur empfehlenswert bei Kleinteilen), einem Cutter oder einer Schneidemaschine ausschneiden. Ebenso werden Kreise, Halbkreise und andere Formen gedoppelt.

Papier reißen

Eine schöne Alternative zum sauber zugeschnittenen Papierstück ist eines mit gerissenen Kanten. Zweierlei ist dabei zu beachten: Wenn Sie das Papier in Faserrichtung reißen, folgen Sie dem natürlichen Rissverhalten des Papiers und es entsteht eine geradere Kante. Anderenfalls entsteht ein willkürlicher Riss, meistens mit gebogenem Verlauf. Die Risskante ist breiter, das Papier großflächiger zerteilt.

SCHNEID- & FALTTECHNIKEN

KLAPPschnitt

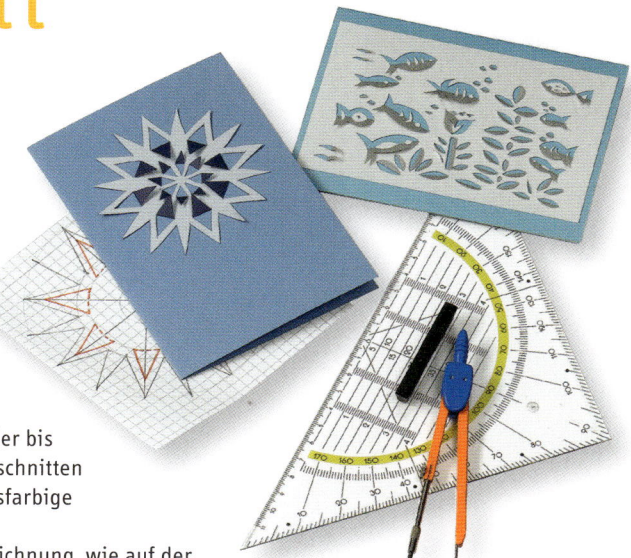

Klappschnitte sehen faszinierend aus und lassen sich einfacher selbst anfertigen, als es auf den ersten Blick scheint. Sie sollten allerdings etwas Übung im Umgang mit dem Schneidemesser (Skalpell) und Zeit mitbringen.

Besonders schöne Effekte erzielen Sie mit Duo-Papier, das ist ein auf jeder Blattseite andersfarbiges Papier. Gut geeignet sind Papiere in normaler bis mittlerer Stärke. Das Motiv wird zur Hälfte ausgeschnitten und dann umgeklappt. Dabei zeigt sich die andersfarbige Papierrückseite.
Klappschnitte sind sowohl mit einer einfachen Zeichnung, wie auf der Karte mit Fischen, als auch mit einem konstruierten Motiv, wie dem Weihnachtsstern, möglich.

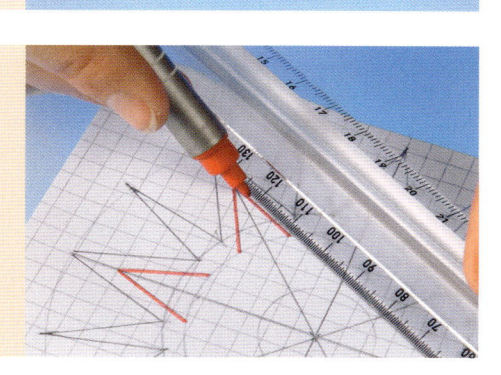

Tipps & Tricks

◆ Es ist ratsam, Klappschnitte in A4-Größe zu entwerfen und erst die fertige Zeichnung einzuscannen und zum Schneiden auf Kartengröße verkleinert auszudrucken.

◆ Auch mit Regenbogenpapier, einseitig bedrucktem Origamipapier, zweifarbigen Folien oder Transparentpapier lassen sich schöne Klappschnitte anfertigen.

◆ Die Vorlage für den in der Schrittanleitung gezeigten Klappschnitt finden Sie auf Seite 130. Er ist eine Farbvariante der oben gezeigten Karte.

◆ Für das Zackenmuster im Inneren des Sterns wie in Schritt 3 beschrieben verfahren. Der Hilfskreis liegt zwischen kleinem und mittlerem Kreis.

Schritt für Schritt erklärt

1 Grundgerüst entwerfen
Für einen konstruierten Klappschnitt mit einem Zirkel drei Kreise auf Karopapier zeichnen. Den Kreis achtteilen und am äußeren Rand zwischen den Linien die Mitte anzeichnen. Auf der zweiten Kreislinie in jedem Achtel zwei Markierungen machen: Dafür mit einem Zirkel von der senkrechten Linie aus ca. ein Drittel des Abstands zur nächsten Linie abnehmen und eine Markierung zeichnen. So links und rechts von jeder Linie verfahren.

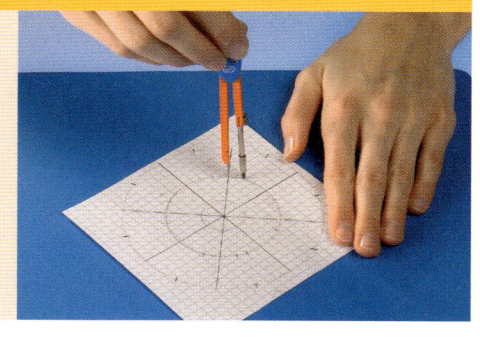

2 Motiv entwerfen
Die Markierungspunkte miteinander verbinden, es entsteht ein sechzehnzackiger Stern mit acht schmalen und acht breiten Strahlen.

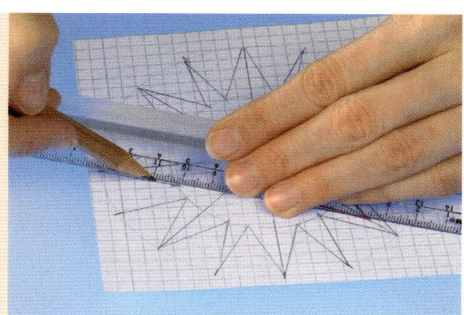

3 Schnittlinien festlegen
Nun mit ca. 5 mm Abstand zum mittleren Kreis einen Hilfskreis ziehen. In jeden der breiteren Strahlen einen um 5 mm kleineren Strahl zeichnen, dessen Linien parallel zu den äußeren laufen und am Hilfskreis enden. Die Schnittpunkte der inneren Strahlen mit dem Hilfskreis sind die Faltlinien, die rot markierten Linien werden ausgeschnitten.

Fortsetzung „Klappschnitt"

25

WORKSHOP

Fortsetzung
„Klappschnitt"

Schneiden

4 Den fertigen Entwurf auf das ausgewählte Papier legen und beide Blätter mit Nadeln auf der Schneideunterlage befestigen oder außerhalb des Motivs mit etwas doppelseitigem Klebefilm zusammenkleben. Die Klinge im Winkel von ca. 45 Grad halten und zum Körper hin schneiden. Alle Umrisslinien und rot markierten durchgezogenen Linien ausschneiden.

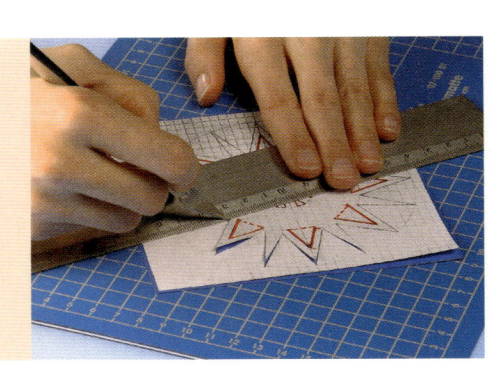

Umklappen und aufkleben

5 Nun die Zacken umklappen, dabei wird die andere Seite des Duo-Papiers sichtbar. Den Falz mit einem Falzbein nachziehen oder den Klappschnitt umdrehen und auf der Rückseite mit einem Fingernagel über alle Linien streichen (dabei am besten Papier zum Schutz darüber legen). Den Klappschnitt zum Aufkleben nicht flächendeckend mit Klebstoff bestreichen, sondern nur außen an den wichtigsten Stellen. Dann auf eine Karte setzen.

Tipps & Tricks

◆ Wenn Sie mehrere gleiche Klappschnitte anfertigen wollen, können Sie in Schritt 4 auch zwei oder drei dünne Papiere übereinander legen.

◆ Zum leichteren Falten können die Faltlinien vorher mithilfe von Lineal und Falzbein (senkrecht halten) oder einer Prickel- oder Prägenadel leicht eingedrückt oder angeritzt werden. Zum Anheben der einzelnen Formen dann einen spitzen Gegenstand, beispielsweise einen dünneren Prägestift oder eine Prickelnadel, verwenden.

Klappschnitt mit Schablonen

Der Fachhandel hält eine Auswahl an Lacé-Schablonen aus Metall bereit. Das Wort Lacé kommt aus dem Französischen und bedeutet „ineinanderstecken". Die Schneidelinien sind hier bereits ausgestanzt. Jede Schablone lässt Variationen zu: Sie können z. B. nicht alle vorgesehenen Linien einschneiden oder die Schablone schräg oder über Eck auf die Karte legen. Befestigen Sie zum Schneiden die Schablone mit etwas Kreppklebeband auf der Karte, damit sie nicht verrutscht.

SCHNEID- & FALTTECHNIKEN

Papier-PATCHWORK

Faszinierende Papierkunstwerke entstehen bei Papier-Patchwork aus kleinen Reststücken. Die Technik wird Sie in den Bann ziehen, denn sobald man beginnt, die Papiere zusammenzustellen, fallen einem sofort neue Muster ein. So können Sie die im Buch gezeigten Modelle schnell abwandeln.

Eine schöne Dekoration sind Sticker oder kleine Fundstücke. Für Papierpatchwork werden Karten mit Ausschnitt verwendet, die Papierreste werden mit Klebefilm zusammengefügt.

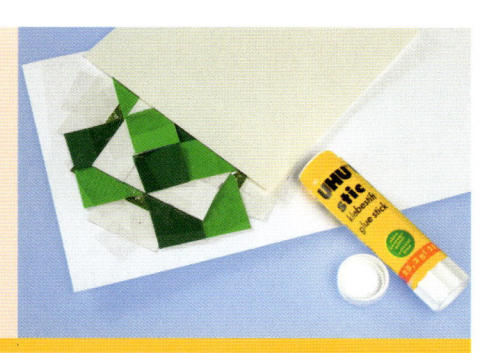

Hinweis

◆ Die Vorlage für die grüne Karte finden Sie auf Seite 130. Sie benötigen folgende Papierstreifen: 4 x Nr. 1a, Grün irisierend (4,5 cm x 2,5 cm), 4 x Nr. 2, Grün gestreift (7 cm x 1,5 cm), je 6 x Nr. 3, Grün, und Nr. 4, Dunkelgrün (2,5 cm x 2,5 cm), 4 x 1b, Grün irisierend (4 cm x 2 cm). Die Karte ist 15,5 cm groß und hat einen 8 cm großen Ausschnitt. Hübsch sieht es aus, wenn Sie die Karte mit ausgestanzten Blüten mit Glitzerkleber- oder Wachsperlenmitte und einen bestempelten Schrumpffolienrechteck (siehe Seite 64) verzieren.

Schritt für Schritt erklärt

1 Karte vorbereiten

Die Musteranleitung auf die Schneideunterlage legen und mit etwas Klebefilm festkleben. Die Karte mit der Vorderseite nach unten auf dem Muster platzieren und mit etwas Kreppklebeband fixieren. Die Musterzeichnung liegt genau unter dem Kartenausschnitt. Die Papierstreifen zuschneiden und die benötigten Streifenlängen schneiden (damit die Enden rechtwinklig sind).

2 Patchwork von außen nach innen arbeiten

Die Papierstreifen werden mit Klebefilm auf der Karte fixiert. Die Streifen von außen nach innen aufkleben, dabei das Papier strafflegen: Zuerst die Streifen über die Ecken legen (1a) und auf der Karte festkleben. Dann die Diagonalen (2), danach die Streifen 3 und 4 im Wechsel anbringen. Zur Mitte hin die Streifen 1b und zum Schluss die übrigen Streifen 3 und 4 fixieren. Das Patchwork ist jetzt fertig, sie sehen die Rückseite.

3 Rückseite überkleben

Die Karte vorsichtig von der Schneideunterlage lösen. Das Deckblatt dünn mit Klebstoff einstreichen und die Karteninnenseite damit bekleben. Je nach Wunsch kann das geschaffene Bild noch mit Perlen, Knöpfen, Bändern und vielem mehr verschönert werden.

Tipps & Tricks

◆ Mit Papierresten können Sie sich eine Farbübersicht anfertigen. Ordnen Sie dafür jeder Farbe eine Zahl (oder ein Zeichen) zu.

Hallo Baby!

Das Papier zuschneiden: rot, 15 cm x 11 cm, zartrosa, 14,5 cm x 10 cm, und gelb, 3,1 cm x 10,5 cm. Die Schmetterlingsranke aus Reststücken mit der Stanzmaschine und den Double-Die-Schablonen anfertigen (siehe Seite 21) und auf den gelben Streifen setzen. Diesen mit rotem Papier doppeln (Rand 2,5 mm).
Grünes Papier für die Rasenflächen reißen und mit dem Grasbüschel auf die zartrosa Karte kleben. Die Bordüre aufsetzen. Das 3D-Bild aufkleben (siehe Seite 38) und ausgestanzte Blüten mit Rocailles in der Mitte und Schmetterlinge (mit Gelstift bemalt) aufkleben. Den Gelstiftrahmen mit Lineal zeichnen.

MATERIAL
- Doppelkarte in Pink, 15,6 cm x 11,6 cm
- Tonkartonreste in Rot, Zartrosa, Gelb, Grün und Hellgrün
- 3D-Motivbild
- Gelstift in Rot und Weiß
- Stanzmaschine und Double-Die: Schmetterlingsranke
- Motivstanzer: Blüte und Schmetterling, 7 mm hoch
- Rocailles in Rot, ø 2,6 mm

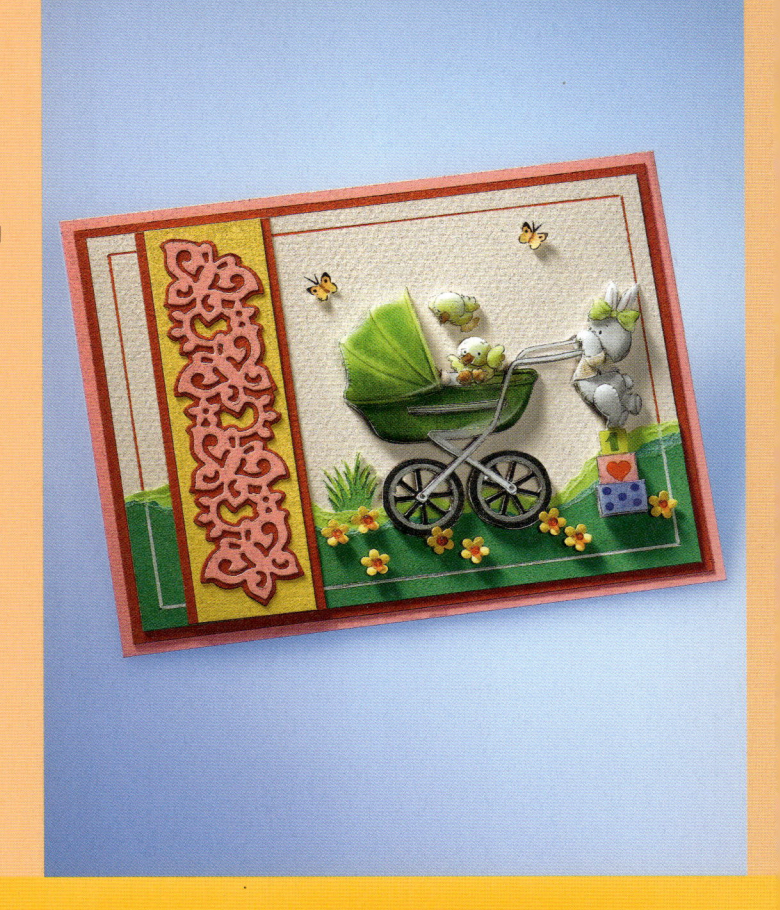

IDEENINSEL

MATERIAL
- Klappkarte in Hellblau, 14 cm x 10,5 cm
- Tonzeichenpapier in Silbergrau, A5

VORLAGE
Seite 130

Fische

Die Karte wird im Klappschnitt angefertigt. Die Vorlage wie in der Schrittanleitung auf Seite 26 beschrieben auf das ausgewählte Papier legen und die Schnittlinien – es ist jeweils die Hälfte des Motivs oder Motivteils – mit einem Skalpell schneiden.
Die geschnittenen Formen nun umklappen, dadurch wird jedes Motiv vervollständigt. Das Papier auf ca. 13 cm x 8,5 cm zuschneiden und auf die Karte kleben.

Garten-Patchwork

In die Karte einen Ausschnitt von 7,5 cm schneiden (4 cm von den Seitenrändern entfernt). Das Papier-Patchwork laut Grundanleitung auf Seite 27 und Musterzeichnung aus passend zugeschnittenen Papierstreifen zusammenstellen. Nach der Fertigstellung des Patchworks die Karteninnenseite mit einem Deckblatt bekleben. Für die Vorderseite viele Blüten ausstanzen und um das Patchwork herum aufkleben. Die Blütenmitten mit etwas Glitzerkleber betupfen.

Tipps & Tricks

- Statt ausgestanzten Blüten können Sie auch Blütensticker verwenden. Diese finden Sie im Hobbyfachhandel.

MATERIAL
- Doppelkarte in Weiß, 15,5 cm x 15,5 cm
- Deckblatt, 15 cm x 15 cm
- Zeitschriftenreste mit Gartenmotiven
- Glitzerkleber in Rosa
- Transparentpapierrest in Rosa
- Motivlocher: Blüte, ø 1 cm

VORLAGE
Seite 130

SCHNEID- & FALTTECHNIKEN

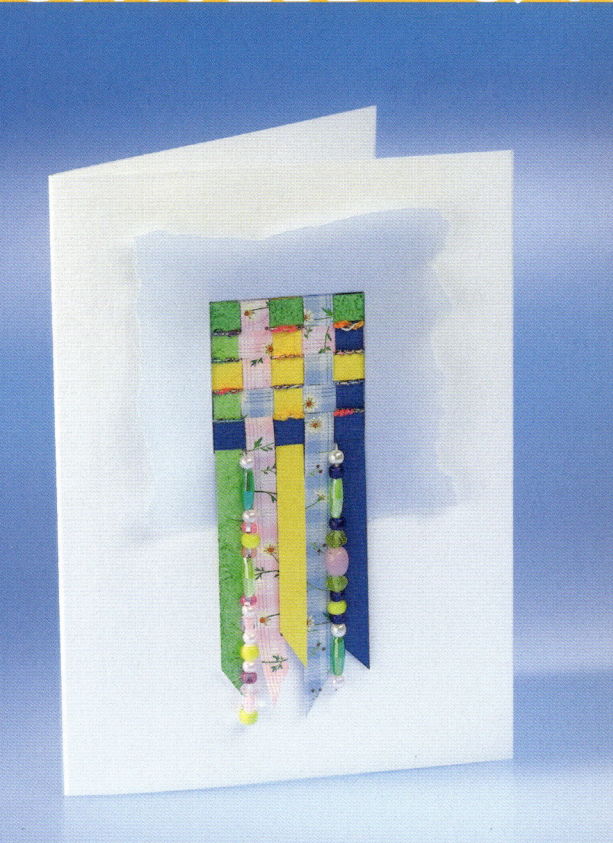

MATERIAL
- Doppelkarte in Weiß, 12 cm x 16,7 cm (Ausschnitt 4 cm x 4 cm)
- Deckblatt in Weiß, 11 cm x 15,5 cm
- bunte Papierstreifen (stabile Geschenkpapiere, Kartonstreifen usw.), 7 mm breit, 12 cm (quer) und 18 cm (senkrecht) lang
- farblich passendes Pergamentpapier, 10 cm x 10 cm
- Stopfnadel und Wollreste
- dünner Draht und diverse Perlen

Buntes Quadrat

Das Pergamentpapier mittig in den Ausschnitt legen. Die Karte umdrehen, in das sichtbare Papier ein Kreuz schneiden und die vier Dreiecke nach hinten umklappen. Kürzen und festkleben. Vorsichtig arbeiten, so dass nichts verrutscht. Die Karte wenden und den Papierrand zurechtreißen. Die langen bunten Papierstreifen dicht aneinander hinter den Ausschnitt kleben, so dass sie unten heraushängen. Dann die waagerechten einweben (drunter, drüber etc.). Für Farbspielereien zwischendrin neue Papierstreifen ansetzen und alles mit Klebefilm fixieren. Mit Wollresten können Hohlräume ausgebessert werden. Nach Belieben Perlenschnüre einhängen und auf der Rückseite festkleben, dann das Deckblatt über die Rückseite setzen.

3 RELIEF UND 3D

Bringen Sie die dritte Dimension in die Kartengestaltung – mit Papierprägen, Quilling, 3D-Motivbildern und Pop-up-Karten!

Sehr hübsch anzuschauen sind Karten mit geprägten Motiven, die mit Metall- oder Kunststoffschablonen aus dem Fachhandel angefertigt werden. Edel in Weiß, zart mit Buntstift oder poppiger mit kräftigen Stempelfarben bemalt – hier findet jeder seinen Favoriten. Eine sehr kunstvolle Technik des Prägens ist die Pergamentkunst. Mit Geduld und Geschick entstehen hier filigrane Kunstwerke.

Auch beim Quilling entstehen Filigrane, bei dieser Technik allerdings aus dünnen Papierstreifen, die aufgerollt und kunstvoll geformt werden.

Immer wieder überraschend sind Pop-up-Karten. Wir zeigen Ihnen neben fröhlich-bunten Beispielen auch, wie sich filigrane Scherenschnitte plastisch entfalten lassen.

das Prägen und Prickeln braucht etwas Geduld bei der **Pergamentkunst,** der Effekt ist aber einmalig

kunstvoll aus dünnen Papierstreifen gewickelt sind **Quilling**-Motive

eine Überraschung beim Aufklappen garantieren **Pop-up-Karten**

plastisch hervor treten **3D-Motivbildern**

ob in Weiß, zart bemalt oder fröhlich bunt – **Embossingkarten** sind eine schnelle, wirkungsvolle Idee

RELIEF UND 3D

Papier PRÄGEN

Papier prägen ist eine faszinierend einfache Technik: Mithilfe von Metallschablonen (in großer Auswahl im Fachhandel erhältlich) und einem Prägestift wird das Papier auf einem Leuchttisch oder am Fenster zum Relief herausgearbeitet. Das Papier sollte nicht zu dünn sein, sonst kann es reißen. Edel sehen die geprägten Motive in Weiß oder zart mit wasservermalbarem Buntstift gestaltet aus, poppiger wird's mit Stempelfarben.

Tipps & Tricks

◆ Manche Prägeschablonen haben um das Motiv herum Schnittlinien, so dass Sie es mit einem Skalpell ausschneiden können.

◆ Geprägte Motive wirken sehr edel in Weiß, vor allem für festliche Anlässe ist das eine schnelle Idee der Kartengestaltung. Beispiel dafür ist z. B. die Karte mit Seestern (aus dem Bastelladen) auf Seite 30. Eine zarte Farbgestaltung erzielen Sie mit Buntstiften. Dazu das Motiv nach dem Prägen – die Prägeschablone nehmen Sie vorher ab – an den Rändern zart mit wasservermalbaren Buntstiften kolorieren. Anschließend mit einem leicht angefeuchteten Pinsel die Farben etwas verwischen. So ist das Schneeglöckchen gestaltet.

◆ Reiben Sie die Rückseite des Papiers vor dem Prägen mit einem Stück trockener Seife ein. Das Prägen geht leichter und die Karte duftet angenehm.

Schritt für Schritt erklärt

1 Schablone fixieren
Die Schablone mit schwach klebendem Klebefilm oder Kreppklebeband auf der Karte oder einem Papierstück fixieren.

2 Prägen
Die Karte mit der Schablone nach unten auf den Leuchttisch legen, die ausgestanzten Flächen scheinen nun durch. Mit einem Prägestift die Flächen eindrücken. Für größere Flächen einen großen, für schmale Stellen einen kleinen Prägestift verwenden. Alternativ kann auch an einem Fenster gearbeitet werden.

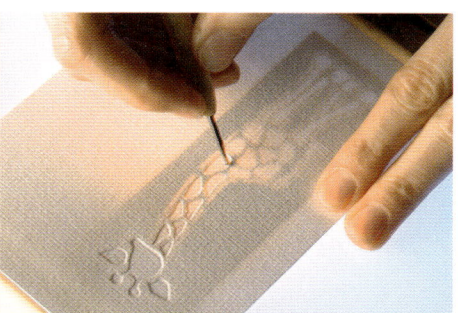

3 Farbig gestalten mit Stempelfarbe
Das geprägte Motiv nach Belieben mit Stempelfarbe gestalten. Dafür die Schablone nach dem Prägen nicht abnehmen und die Flächen mithilfe von kleinen Farbtupfern einfärben. Es passiert nichts, wenn Sie innerhalb des Motivs über den Schablonenrand hinaus malen, denn sie schützt die Karte vor versehentlichem Einfärben.

31

WORKSHOP

Tipps & Tricks

◆ Verwenden Sie für das Schablonengestalten mit Sand nicht das so genannte Tacky Tape, ein sehr stark klebendes Klebeband, da sich die Schablone davon kaum wieder lösen lässt.

◆ Überschüssiger Colorsand lässt sich leicht wieder in den Behälter zurückschütten, wenn Sie ihn auf ein gefaltetes Blatt Papier geben, die Faltkante über den Behälter halten und den Sand vorsichtig in diesen zurückrieseln lassen.

◆ Sie können den zweiten Schritt beim Einfärben mit Sand auch anders herum ausführen: Den Sand auf die mit Prospekthülle o. Ä. abgedeckte Arbeitsfläche geben und die Klebefolie mit dem ersten aufgestreuten Motiv kopfüber hineindrücken.

Prägeschablonen MAL ANDERS

Prägeschablonen sind vielseitig einsetzbar: Auch mit Strukturpaste oder Sand lassen sich hübsche Karten gestalten. Beides geht ganz schnell und eignet sich hervorragend für Serienproduktionen. Dank der riesigen Auswahl an Schablonen lassen sich so Karten für die unterschiedlichsten Anlässe anfertigen.

Strukturpasten-Relief

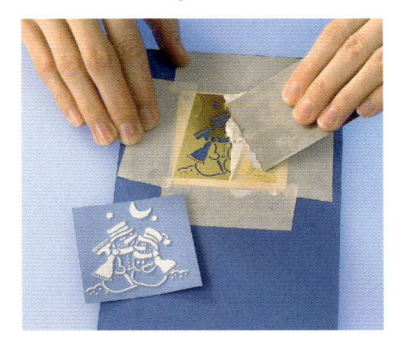

Vor allem für winterliche Motive ist das Arbeiten mit Strukturpaste eine hübsche und schnell gemachte Idee. Und es geht kinderleicht! Einfach die Schablone auf der Karte platzieren und mit Kreppklebeband fixieren. Damit nicht versehentlich Strukturpaste außerhalb der Schablone auf die Karte gelangt, kann das Klebeband rundum fixiert werden.

Dann die Strukturpaste – verwenden Sie sehr feine Paste – auf die Schablone geben und mit einem Spachtel verteilen, dabei mehrmals kreuz und quer über das Motiv streichen. Sie können noch etwas Flitter auf das Motiv geben. Nun, solange die Strukturpaste noch feucht ist, das Kreppklebeband entfernen und die Schablone abheben. Fertig!

Sandbilder

Embossing-Schablonen aus Metall oder Kunststoff können ideal auch für eine Gestaltung mit Colorsand verwendet werden. Dazu benötigen Sie neben der Schablone und dem Sand (aus dem Hobbyfachhandel) doppelseitige Klebefolie.

Die Technik gelingt auch Ungeübten ganz einfach: Die Schutzfolie auf einer Seite der Klebefolie entfernen und die Schablone auf der Folie platzieren. Die umliegenden Klebeflächen können zum Schutz wieder mit Schutzfolie abgedeckt werden. Nun den Sand in der gewählten Farbe über die Schablone geben und mit den Fingern andrücken. Überschüssigen Sand auf ein in der Mitte gefaltetes Blatt Papier geben und zurück in den Behälter füllen.

Anschließend die Schutzfolie und die Schablone entfernen und die übrige Fläche mit andersfarbigem Sand bekleben. Wieder gut mit den Fingern andrücken.

RELIEF UND 3D

PERGAMENTkunst

Etwas Geschick und Geduld benötigen Sie bei dieser Technik, aber das Ergebnis lohnt sich: Starkes Transparentpapier (150 g/qm) wird nach einer beliebigen Malvorlage geprägt und durch raffinierte Prickel- und Maleffekte zu einem wahren Kunstwerk.

Zum Aufzeichnen des Motivs werden weiße Tinte und ein Federhalter verwendet. Außerdem benötigen Sie Prägestifte in verschiedenen Stärken, Prickelnadel und Pinzettenschere, Perforier- und Präge-unterlage und für die Farbgestaltung Dorso-Farbe und -Öl sowie ein Wattestäbchen, ein Küchentuch und einen Papierrest.

Tipps & Tricks

◆ Die Tuschekante ist die abgerundete Seite des Lineals, dazu wird das Lineal meist falsch herum gedreht. Wenn man die flach aufliegende Seite des Lineals verwendet, tritt Tusche unter das Lineal und es entstehen ausgefranste Ränder.

◆ Decken Sie um das Motiv liegende Bereiche des Pergamentpapiers beim Malen mit Küchentüchern ab, da das Papier sehr empfindlich ist und schnell Flecken bekommt.

Schritt für Schritt erklärt

1. Vorlage auflegen
Das Pergamentpapier mit schwach klebendem Klebefilm auf der Vorlage fixieren. Die glatte Seite des Papiers sollte unten liegen. Die Tinte vor der Verwendung mit einem Holzstäbchen umrühren (Schütteln alleine reicht meistens nicht aus).

2. Linien ziehen
Alle geraden Linien mit einem Lineal mit Tuschekante, einer Feder und weißer Tinte (so genannte Tinta) zeichnen. Die Feder beim Malen so senkrecht wie möglich halten, damit die Linie sehr fein wird. Die Tinte trocknet sehr schnell, so dass sofort weitergearbeitet werden kann.

3. Motiv zeichnen
Die Herzform sowie die Rose frei Hand zeichnen. Dabei ebenso auf sehr dünne Linien achten.

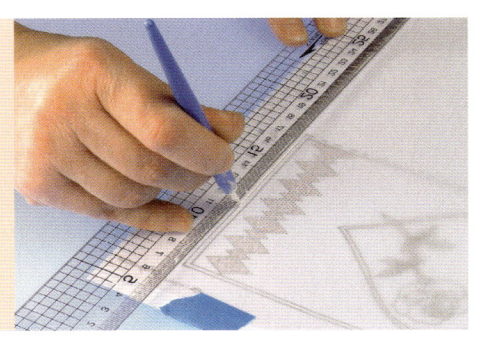

Fortsetzung „Pergamentkunst"

WORKSHOP

Fortsetzung
„Pergamentkunst"

Hinweis

◆ Nicht jedes Öl ist zum Verreiben der Farbe geeignet, der Fachhandel hält ein spezielles Dorso-Öl bereit. Andere Öle austesten.

Tipps & Tricks

◆ Sie können das Papier dorsieren, nachdem oder bevor Sie das Motiv auf die Vorderseite gezeichnet haben. Die zweite Variante eignet sich vor allem, wenn Sie die ganze Karte farbig gestalten wollen.

4 Linien ausmalen
Die doppelten Ränder mit weißer Tinte und einem dünnen Marderhaarpinsel (Größe 2) ausmalen. Dabei nicht zu viel Farbe aufnehmen, sonst wellt sich das Papier durch die Feuchtigkeit.

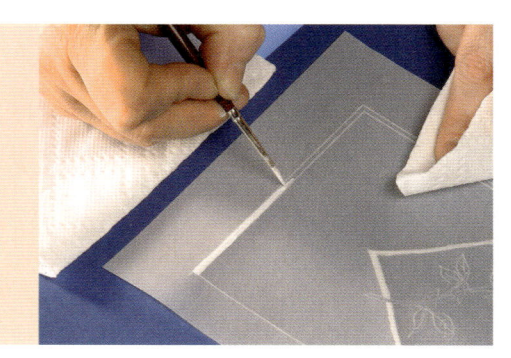

5 Dorsieren – Farbe auftragen
Nach dem Zeichnen der Konturen die Karte umdrehen und in Herz und Rose Dorso-Farbe (eine Art Wachsmalfarbe) auftragen. Die Flächen nicht ausmalen, einzelne Striche einer Farbe genügen.

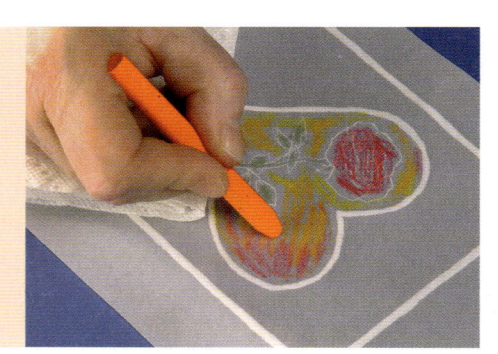

6 Dorsieren – Farbe verwischen
Die Farbe mit Dorso-Öl verreiben, dazu ein Küchentuch (bei größeren Flächen), ein Wattestäbchen oder an den Rändern und sehr filigranen Stellen ein selbst angefertigtes Spitztuch (siehe Profitipp) verwenden. Immer vom Hellen ins Dunkle arbeiten und die Farbe nicht über den Rand hinaus reiben.

7 Ziselieren mit großem Prägestift
Nun die Motivteile ziselieren (prägen), dabei anfangs den größten Prägstift verwenden (hier 3 mm). Ziseliert wird immer von der Rückseite. Die Karte auf eine weiche Unterlage legen (z. B. spezielles Ziselierkissen). Den dicken Prägestift am Rand des Motivs entlangziehen.

8 Ziselieren mit kleineren Prägestiften
Danach wiederholt man diesen Schritt mit immer kleiner werdenden Kugeln (hier 1,5 mm, 1 mm und 0,5 mm). Vom Rand des Motivs aus locker aus dem Handgelenk kleine Striche zum Motivinneren setzen. Beachten Sie, dass diese unterschiedlich lang sein sollten, am besten einige kurze, dann wieder einen langen Strich machen.

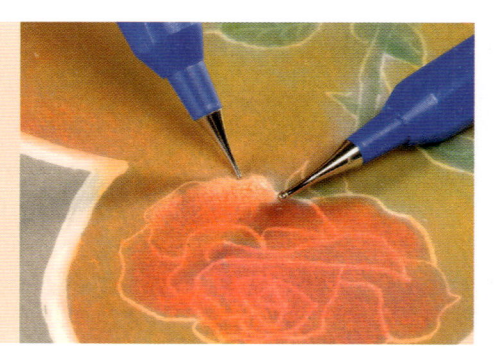

RELIEF UND 3D

Bordüre prägen

9 Das kombinierte Ziselier- und Perforierblech (Lochblech, Easy-Grid) auf eine weiche Unterlage legen und die Karte mit der Vorderseite nach unten darauf fixieren. Dann entsprechend dem Muster (hier schwarze Punkte) die Rauten prägen. Dabei wie bei einem Stickmuster die Löcher abzählen und die jeweiligen Stellen mit dem 1 mm großen Prägestift eindrücken.

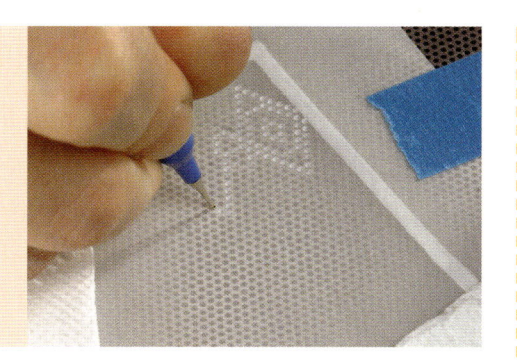

Bordüre prickeln

10 Nun das gesamte Grid umdrehen. Die geprägten Punke sind durch das Grid sichtbar (scheinen weiß durch) und der Rest des Musters kann laut Vorlage (hier rote Punkte) mit einer Prickelnadel durchstochen werden. Dabei auf einer weichen Unterlage arbeiten und die Nadel tief durch das Papier stechen. Abschließend die Karte falten und zurechtschneiden.

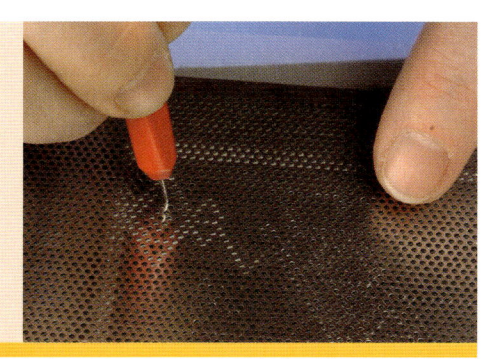

Tipps & Tricks

◆ Damit in Schritt 9 die Prägepunkte nicht aus Versehen durchstochen werden, darf der Prägestift nicht kleiner als oder gleich groß wie das Loch im Grid sein. Testen Sie das vorher aus: der Prägestift muss auf den Perforationslöchern aufsitzen, nur der untere Teil der Kugel darf hineingleiten.

◆ Mit einem so genannten Shape Boss kann Papier oder Transparentpapier direkt, ohne Leuchtpult, geprägt werden. Das Papier zwischen den zwei deckungsgleichen Schablonen fixieren und prägen. Sie brauchen nur die Umrisse des Schablonendesigns mit dem Prägestift nachfahren, es ist nicht notwendig, die Mitte auszufüllen. Beachten Sie allerdings, dass das geprägte Motiv seitenverkehrt erscheint. Platzieren Sie deshalb beide Schablonen vor dem Fixieren auf der Arbeitsfläche in der gewünschten Richtung. So können Sie auch schnelle Pergamentkunst gestalten.

PROFITIPP

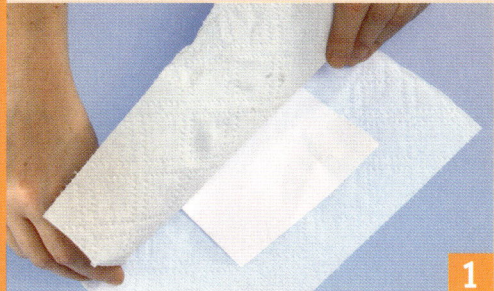

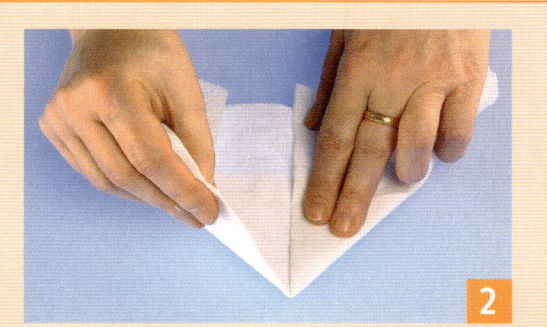

Spitztuch selbst falten

In ein Küchentuch mittig ein festes Papier legen, z. B. Tonkarton (Abb.1) und das Küchentuch zusammenfalten.
Die Seiten des Tuchs zur Mitte hin falten, so dass vorne eine schöne Spitze entsteht (Abb. 2).
Nun die Seiten nach unten klappen wie beim Falten eines Flugzeuges (Abb. 3).
Das Spitztuch kann nun wie ein Stift gehalten werden. Mit seiner stabilen Spitze lassen sich beim Dorsieren auch sehr enge Stellen eines Motivs erreichen (Abb. 4).

WORKSHOP

Tipps & Tricks

◆ Für das Quillingwerkzeug von einem Zahnstocher oder einem 2 mm starken Rundholz an einem Ende die Spitze abschneiden und an diesem stumpfen Ende mittig mit einem Cutter einen ca. 1 cm tiefen Spalt einschneiden. Unterhalb des Spaltes zur Sicherung den Holzstab mit Klebefilm umwickeln.

◆ Es ist vorteilhaft, sich einen Vorrat an Papierstreifen anzulegen. Dafür Tonpapier, 50 cm x 70 cm, in der Mitte durchschneiden, so dass zwei Bogen à 50 cm x 35 cm entstehen. Nun 35 cm lange Streifen in der gewünschten Breite schneiden.

◆ Benötigen Sie größere Durchmesser als auf einem Kreislineal vorhanden, zeichnen Sie sich diese auf dicke Pappe und schneiden Sie sie aus. Nun können Sie die Papierspiralen in den Kreisen aufspringen lassen. Zum Ausschneiden kann ein Kreisschneider aus dem Bastelladen verwendet werden.

QUILLING

Durch Quilling wurden vor Jahrhunderten aus Pergamentpapierstreifen mit vergoldeten Rändern kostbare Metallfiligranarbeiten nachgeahmt. Zum Aufrollen verwendete man einen Federkiel (engl. quill), der Ursprung des Namens.
Die Technik Quilling ist so simpel wie wirkungsvoll: Schmale Papierstreifen werden mit einem dünnen, runden Gegenstand gewickelt, das lose Ende festgeklebt und die so entstandenen Spiralen in die unterschiedlichsten Formen gedrückt. Aus den Einzelteilen entstehen dann mit etwas Geschick Ornamente oder Filigranfiguren. Gut geeignet sind Ton- und Transparentpapier, stärkere Papiere lassen sich schlecht wickeln und brechen beim Zusammenrollen.

Schritt für Schritt erklärt

Quilling vorbereiten

1 Die Papierstreifen vor dem Quillen zuschneiden, sie sind ca. 35 cm lang und etwa 3 mm breit. Werden andere Streifenlängen benötigt, die Streifen vor dem Quillen kürzen oder Einzelstreifen zum Verlängern zusammenkleben. Das Quillingwerkzeug anfertigen (siehe Tipp) und ein Ende des Papierstreifens einschieben.

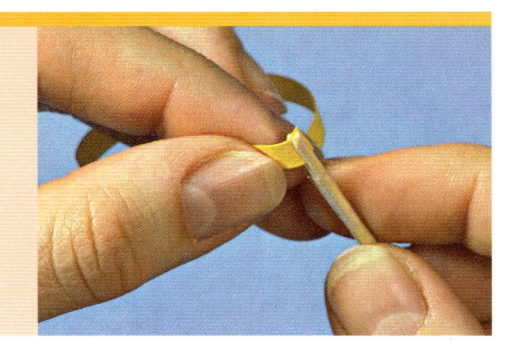

Streifen zur Spirale aufdrehen

2 Das Stäbchen drehen und so den Streifen zu einer festen Spirale aufrollen. Dann diese in einem Kreislineal (aus dem Schreibwarenbedarf) im gewünschten Durchmesser aufspringen lassen und vorsichtig vom Werkzeug abnehmen. Das Ende des Streifens mithilfe eines Zahnstochers mit Bastelkleber festkleben.

Filigran ausrichten

3 Der Kreis ist die Grundform aller Filigrane, von ihm ausgehend werden andere Formen angefertigt, in unserem Beispiel ein Tropfen. Dafür das Zentrum des Kreises zu einer Seite ziehen.

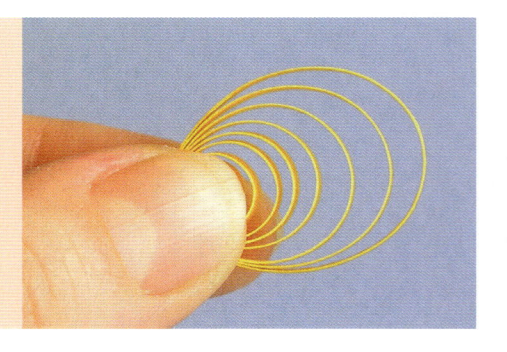

RELIEF UND 3D

Filigran zurechtdrücken
Nun die Form auf der anderen Seite zusammenkneifen, festhalten und das runde Ende fixieren (siehe auch Tipp).

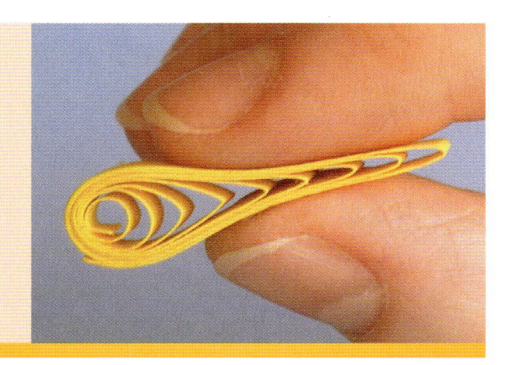

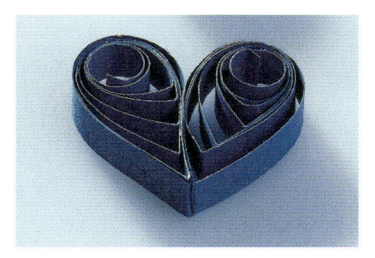

4

Tipps & Tricks

◆ Die Formen werden durch das Fixieren stabiler und lassen sich leichter weiter verarbeiten. Dazu verdünnten Bastelleim (1:1 mit Wasser) mit einem Borstenpinsel sparsam auftragen und trocknen lassen. Es genügt, die eng nebeneinander liegenden Streifen einzustreichen. Das Ganze kurz antrocknen lassen.

◆ Damit Sie sich das Zurechtdrücken der Filigrane noch besser vorstellen können, sehen Sie hier wie ein Rhombus entsteht:

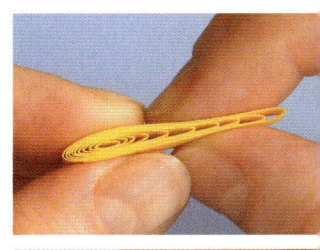

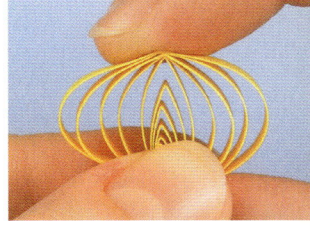

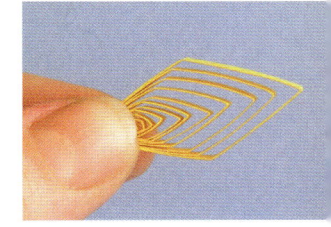

Herz – Zwei Tropfen an den Spitzen aneinander kleben.

Blütenblatt – Den Kreis an zwei nebeneinander liegenden Stellen zusammendrücken, so dass zwei Spitzen entstehen.

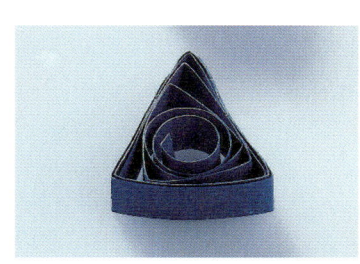

Dreieck – Den Kreis an einer Stelle mit dem Finger zusammendrücken, von diesem Punkt ausgehend an zwei nebeneinander liegenden Stellen auf der anderen Seite Spitzen eindrücken. Dabei beachten, dass die seitlichen Streifenabschnitte zur ersten Spitze gleich lang sind.

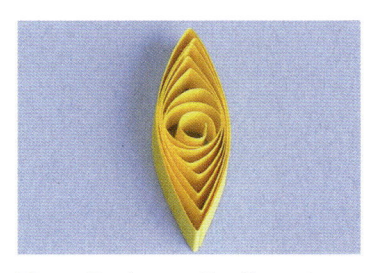

Blatt – Zwei gegenüberliegende Seiten des Kreises zusammendrücken.

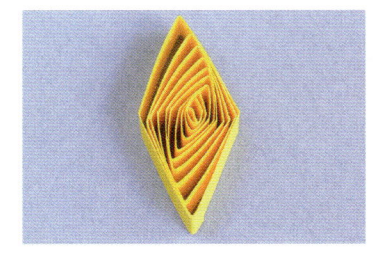

Rhombus – Den Kreis flach zusammendrücken und die Seiten zusammenkneifen. Dann die gegenüberliegenden Knickstellen aufeinander drücken, dabei anfangs das Zentrum festhalten. Wieder die Seiten zusammenkneifen.

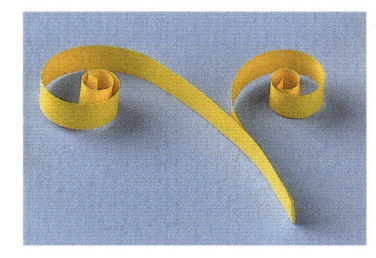

Gegengleiche Ranke – Den Streifen an einer Stelle knicken und beide Enden nach außen rollen. Die Ranke an der Knickstelle zusammenkleben.

Fransenblumen

Eine schöne Ergänzung zu den Papierfiligranen sind Fransenblumen. Dafür wird ein einzelner Papierstreifen oder mehrere zusammengeklebte – sie können auch unterschiedlich hoch sein – mit vielen Einschnitten fransig geschnitten und zusammengerollt. Das besondere bei der unten liegenden Blüte: der weiße Streifen wird mit der Zackenrandschere geschnitten und erhält kleine Fransen, der gelbe Streifen ist mit der Bogenrandschere zugeschnitten und entsprechend den Bögen fransig geschnitten.

37

WORKSHOP

3D-Motivbilder

Tipps & Tricks

◆ Dreidimensionale Motive sind stabiler, als sie im ersten Moment aussehen, sie sollten aber zum Verschicken mit Luftpolsterfolie abgedeckt werden.

◆ 3D-Klebstoff kann auch mit einem Zahnstocher aufgetragen werden.

◆ Sie können auch Klebepads zum Zusammensetzen der 3D-Bilder verwenden.

◆ 3D-Bilder erhalten eine besonders schön glänzende Oberfläche und werden haltbarer, wenn Sie sie mit Papierlack (3D-Lack) aus dem Hobbyfachhandel einstreichen. Den Lack mit einem feinen Pinsel auf das Motiv auftragen. Beim Lackieren für eine gute Durchlüftung sorgen!

Für den plastischen Effekt wird das Motiv mit beliebig vielen Schichten aus herausgeschnittenen Details beklebt. Je nachdem, wie dreidimensional Ihre Arbeit wirken soll, benötigen Sie mehrere Drucke des gleichen Motivs. Das können im Fachhandel erhältliche 3D-Motivbögen, aber auch Geschenkpapiere, Stempelabdrucke, selbst entworfene Bilder, Konturensticker usw. sein. Halten Sie zum Zusammensetzen der Motivteile eine spitze Pinzette und 3D-Kleber (Silikonkleber) sowie Zahnstocher bereit, zum Ausschneiden Silhouettenschere und Skalpell.

Schritt für Schritt erklärt

1 Ausschneiden

Das Motiv mit einer Silhouettenschere oder einem Skalpell ausschneiden. Das komplette Motiv bildet den Hintergrund, ein daraus ausgewähltes und aus einem zweiten Motiv ausgeschnittenes Detail die zweite Schicht usw. Bei manchen Motivbögen sind die Details bereits vorgegeben und nummeriert.

2 Wölben

Nun jedes Motivteil mit der bedruckten Seite nach unten auf einen weichen Untergrund (dicke Moosgummimatte) legen und mit einem so genannten Bolpenne (Plastikstift mit kugelförmigem und spitzem Ende) am Außenrand wölben. Das Werkzeug in kurzen Drehbewegungen rund um das Papierteil führen. Mit dem spitzen Ende des Stiftes können Motivteile wie die Tischkante nachgefahren werden.

3 Zusammenkleben

Die Motivteile mithilfe einer Spritze mit 3D-Kleber versehen. Den Klebstoff nicht zu nahe an der Schnittkante platzieren und die erste Schicht gut trocknen lassen, bevor weitere Motivteile aufgesetzt werden. Dann mit einer Pinzette die weiteren Motivteile aufsetzen.

RELIEF UND 3D

POP-UP-Karten

Was für eine Überraschung: Beim Aufklappen der Karte entfaltet sich ein plastisch gearbeiteter Scherenschnitt oder ein buntes Bild mit Tiefenwirkung!
Was so raffiniert aussieht, ist mit unseren Schrittanleitungen leicht selbst gemacht – und ganz nach Ihren eigenen Ideen abwandelbar.

Plastischer Scherenschnitt

Ein filigran gearbeitetes Pop-up-Motiv überrascht beim Öffnen dieser Karte. Was kompliziert aussieht, ist einfach gemacht: der untere Bereich des Motivs ragt über die Mittellinie der Karte, der obere Teil wird vor dem Einkleben gefaltet. Ganz nach Belieben kann hinter das Scherenschnittmotiv vor dem Festkleben noch ein Foto gesetzt werden – eine ganz besondere Idee für große Festlichkeiten.

Schritt für Schritt erklärt

1 Vorlage und Papier vorbereiten

Sie können die Vorlage mit Transparentpapier auf das ausgewählte farbige Papier übertragen oder Sie kopieren die Vorlage, schneiden sie im Kartenmaß zu und legen Sie auf das ebenso zugeschnittene farbige Papier. Mit schwach klebendem Klebefilm oder Kreppklebeband oder mit Pinnadeln an Stellen, die später herausfallen, auf der Schneidematte befestigen.

2 Ausschneiden

Das Motiv mithilfe eines Skalpells sorgfältig ausschneiden. Die auszuschneidenden Flächen können vorher schraffiert werden. Außer den Flächen innerhalb des Motivs wird es am rechten und linken Rand ausgeschnitten. Für die Blütenmitten kann eine Lochzange oder ein etwas stärkeres Locheisen verwendet werden.

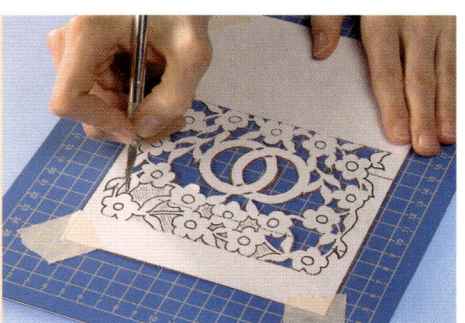

Tipps & Tricks

◆ Wenn Sie selbst plastische Scherenschnitte entwerfen wollen, beachten Sie folgendes bei der Platzierung auf der Karte: der Abstand zum oberen Rand beträgt ca. 2,5 cm (bei querformatigen Karten, bei Hochformaten entsprechend zum linken Seitenrand), hier wird kein Motivteil platziert. Das Motiv liegt unterhalb (bzw. neben) dieser Linie und reicht bis 2 cm über die Mittelfalte der Karte hinaus. Da der obere Bereich beim Aufklappen der Karte nicht sichtbar ist, sollten hier keine wesentlichen Motivteile platziert werden. Achten Sie auch darauf, dass der Abstand zu den Seitenkanten (bei Hochformaten nach oben und unten) gleichmäßig ist.

◆ Sie können die Ränder unterhalb des ausgeschnittenen Motivs begradigen, bei den meisten Motiven bleiben hier einzelne Motivreste stehen.

Fortsetzung „Pop-up Karten"

WORKSHOP

Fortsetzung „Pop-up Karten"

Tipps & Tricks

◆ Nach Belieben können hinter den plastischen Scherenschnitt Fotos geklebt werden, das erfolgt vor Schritt 7. Das Foto am stehen gebliebenen Rahmen fixieren.

Erste Faltung

4 Das Motiv an der oberen gestrichelten Linie vorsichtig nach innen falten (Talfalte). Nur das Motiv, nicht den stehen gebliebenen Rahmen falten!

Zweite Faltung

5 Das Motiv an der nächsten gestrichelten Linie nach hinten falten (Bergfalte). Dazu mit dem Finger zwischen ausgeschnittenes Motiv und stehen gebliebenen Rahmen schlüpfen und den Scherenschnitt herausdrücken. Anschließend an der zweiten Faltlinie abknicken.

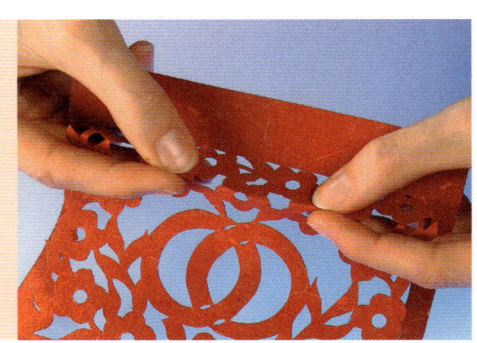

Dritte Faltung

6 Erst zuletzt den Rahmen (rechts und links in der Mitte) knicken.

Scherenschnitt einkleben

7 Falls ein Bild hinter den Ausschnitt geklebt werden soll, dies vor dem Einkleben des Motivs in die Karte tun. Dann den Rahmen des Scherenschnitts, nicht das Motiv selbst und auch noch nicht den unteren Teil, mit Klebstoff bestreichen. Den Scherenschnitt passgenau in die Karte legen und diese zudrücken. Anschließend ebenso mit dem unteren Papierteil verfahren.

RELIEF UND 3D

Bunte Pop-up-Karten

Welch eine Geburtstagsüberraschung: Eine Torte schießt beim Öffnen der Karte hervor. Damit dies gelingt, wird die Karte im Hintergrund mit einem Laschengerüst versehen, auf das dann die Motivteile geklebt werden können. Je nachdem, wie Sie diese anordnen möchten, können Sie auch mehrere Laschen nebeneinander oder noch weitere darüber setzen.

Schritt für Schritt erklärt

1 Karte zuschneiden
Ein Kartonstück in der angegebenen Größe zuschneiden, in der Mitte zur Doppelkarte falten und die Einschnittlinien für die Motivhalter markieren. Hier wird ein schmaler Steg für die Kerze und ein breiter für die Torte benötigt. Die Linien mit einem Cutter schneiden.

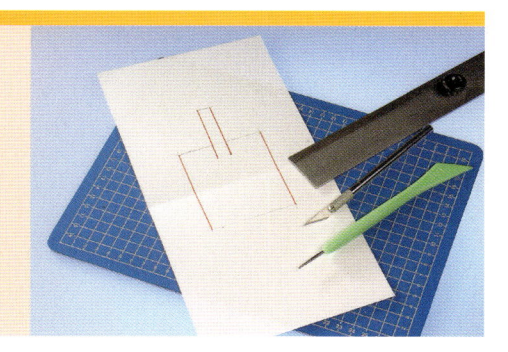

2 Stege falten
Die Verbindungslinien quer zwischen den Schnitten werden nun in die gezeigten Richtungen gefaltet. Diese vorher zum leichteren Falten eindrücken. Nur die Linien, nicht die ganze Karte falten.

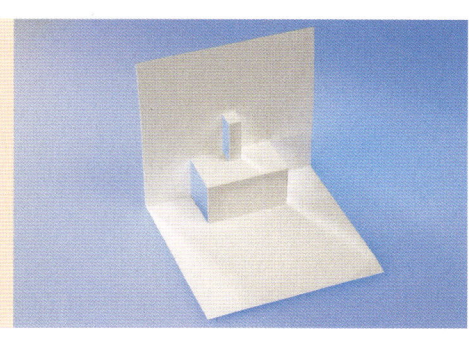

3 Karte gestalten
Die innere Karte in eine etwas größere Hülle kleben und die mit Lackmal- und Filzstift gestalteten Motive aufsetzen.

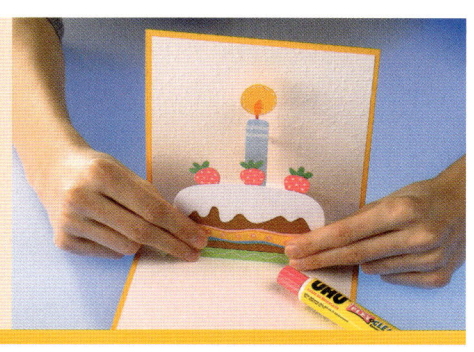

PROFITIPP

Kartenvorderseite gestalten
Beim Aufklappen der Karte wird's spannend – wie aber kann die Vorderseite ohne viel Aufwand gestaltet werden?
Schnell geht's mit ausgestanzten Motiven, wie den Blümchen. Auch ein Namensschild ist sehr dekorativ, vor allem, wenn es wie dieses mit bunten Papieren gerahmt wird.
Eine dritte Möglichkeit ist, einen Teil des Motivs auszuschneiden und dieses auf die Vorderseite der Karte zu kleben.

Tipps & Tricks

◆ Das Rahmen eines Namensschildes wie im Profitipp „Für Petra" gelingt so am besten: Den blauen Karton im gewünschten Maß ausschneiden und beschriften. Dieses dann auf ein pinkfarbenes, etwas größeres Stück Papier kleben und mit einem ca. 2 mm breiten Rand ausschneiden. Das Ganze wird nun noch einmal auf ein etwas größeres grünes Stück Papier geklebt und mit einer Bogenschere im Abstand von ca. 7 mm ausgeschnitten.

Sonne und Bienen

Die Einzelteile quillen.
Sonne: 2 x Orange und 4 x Gelb zusammenkleben, quillen, auf 3 cm aufspringen lassen. Strahlen je 1 Streifen, auf 1,5 cm aufspringen lassen, zum Dreieck formen.
Bienenkörper: 2 x 2 in Braun und 1 x 2 in Gelb zusammenkleben, auf 1,3 cm aufspringen lassen, zu Halbkreis bzw. Rechteck formen.
Kopf: 2 x Braun zusammenkleben, auf 1,1 cm aufspringen lassen.
Flügel: je 2 x Elfenbein (auf 1,4 cm aufspringen lassen), zum Herz formen.
Fühler: je 1 x Gelb mittig knicken, am Ende ca. 6 cm einrollen.
Die Karte falten, zugeschnittene Quadrate (5,5 cm Sonne, je 4,8 cm Bienen) aufkleben und die Quillingformen aufsetzen. Auf den Fühlern Schmucksteine fixieren.

MATERIAL
- Tonkarton in Elfenbein, 18 cm x 20,5 cm, und Orange, 20,5 cm x 20,5 cm (Karte)
- Tonkartonreste in Gelb, Elfenbein und Orange
- Tonpapierstreifen in 18 x Gelb, 10 x Orange, 12 x Braun, und 8 x Elfenbein, 3 mm breit, je 16 cm lang
- 4 Schmucksteine in Klar, ø 5 mm
- Papierdraht in Gelb, ø 2 mm, 60 cm lang

IDEENINSEL

MATERIAL
- Doppelkarte in Hellgrün, 11,6 cm x 15,6 cm
- Tonkartonreste in Wasserblau, Weiß, Hellgrün, Dunkelgrün, Gelb und Rot
- Punch & Stitch®-Stanzer: Stern
- Rocailles in Grün und Rot, ø 2,2 mm
- Schmucksteine in Hellblau, ø 4 mm
- Nadel und Stickgarn in Weiß, Blau und Grün
- 3D-Motivbogen
- Motivstanzer: Blüte und Schmetterling, 7 mm hoch
- Gelstift in Weiß

VORLAGE
Seite 139

Mädchen mit Panda und Ente

Das Papier zuschneiden: 11,1 cm x 15 cm in Weiß, 10,5 cm x 14,5 cm in Blau. Die Mustervorlage präzise auf dem roten Kreisbogen fixieren, stanzen und wie auf Seite 47 beschrieben sticken. Den Streifen nach unten weiß rahmen (siehe Seite 24).
Auf zwei grüne Streifen gerissenes Papier das Motivbild aufkleben (siehe Seite 38) und ausgestanzte Blüten und Schmetterlinge (mit Gelstift bemalt) auf der Karte verteilen. Alles zusammen- und auf die Karte kleben und die Schmucksteine mithilfe einer Pinzette aufkleben.

Scherenschnitt-Storch

Den plastischen Scherenschnitt wie auf Seite 39/40 beschrieben anfertigen und in die Karte kleben.

Tipp

◆ Die Kartenvorderseite kann mit einem zweiten ausgeschnittenen Motiv verziert werden, alternativ sind auch zum Anlass passende Sticker eine schöne Verzierung.

MATERIAL
- Regenbogen-Glanzpapier, 20,5 cm x 14,7 cm (Scherenschnitt)
- Fotokarton in Weiß, 23,5 cm x 18 cm

VORLAGE
Seite 131

RELIEF UND 3D

MATERIAL PRO KARTE
- Prägeschablone: Glocken, Weihnachtsgeschichte oder Winterdorf, je ca. 6,5 cm hoch
- Doppelkarte in Weiß, 17 cm x 11,5 cm
- Sizoflor in Weiß oder Wellpappe in Lila, ca. 16 cm x 10,5 cm
- Strohseidenrest in Weiß und Naturpapierrest in Lila (Glocke)
- Colorsand in Weiß und Blau, doppelseitige Klebefolie (Dorf)
- feine Strukturpaste in Weiß, Irisflitter, Fotokartonrest in Blau (Weihnachtsgeschichte)

Winterkarten

Das Glockenmotiv prägen, ausschneiden und mit lilafarbenem Naturpapier doppeln (siehe Seite 24). Mit etwas größer ausgerissener Strohseide auf die mit lila Wellpappe beklebte Karte setzen. Das Winterdorf ist mit blauem und weißem Sand auf Klebefolie gestaltet, die Szene aus der Weihnachtsgeschichte mit Strukturpaste auf blauem Karton (siehe Seite 32). Die Motive ausschneiden und auf eine mit Sizoflor beklebte Karte setzen.

43

4 FADEN-GRAFIK

Hinweise

◆ Für die Techniken auf Seite 48/49 werden Prickelschablonen und Motivstanzer benötigt, die Sie im gut sortierten Fachhandel erhalten.

Unter Fadengrafik ist zweierlei bekannt: Fadenspannbilder, bei denen der Faden auf einem Brett mit Nägeln gespannt wird und zumeist eine geometrische Figur entsteht, aber auch das kunstvolle Sticken auf Papier, bei dem die Fäden zwischen zuvor eingestochenen Löchern gespannt werden. Dabei sind geometrische Muster ebenso beliebt wie Figürliches.

In diesem Kapitel stellen wir Ihnen die zweite Technik vor: filigrane Arbeiten auf Papier, bei denen dünne Fäden nach einem vorgegebenen oder selbst entworfenen Muster von Loch zu Loch gespannt werden und so ein eindrucksvolles Motiv ergeben. Die Fadengrafik kann für sich alleine stehen, wird aber auch gerne mit Zierstickern ergänzt oder mit 3D-Bildern kombiniert.

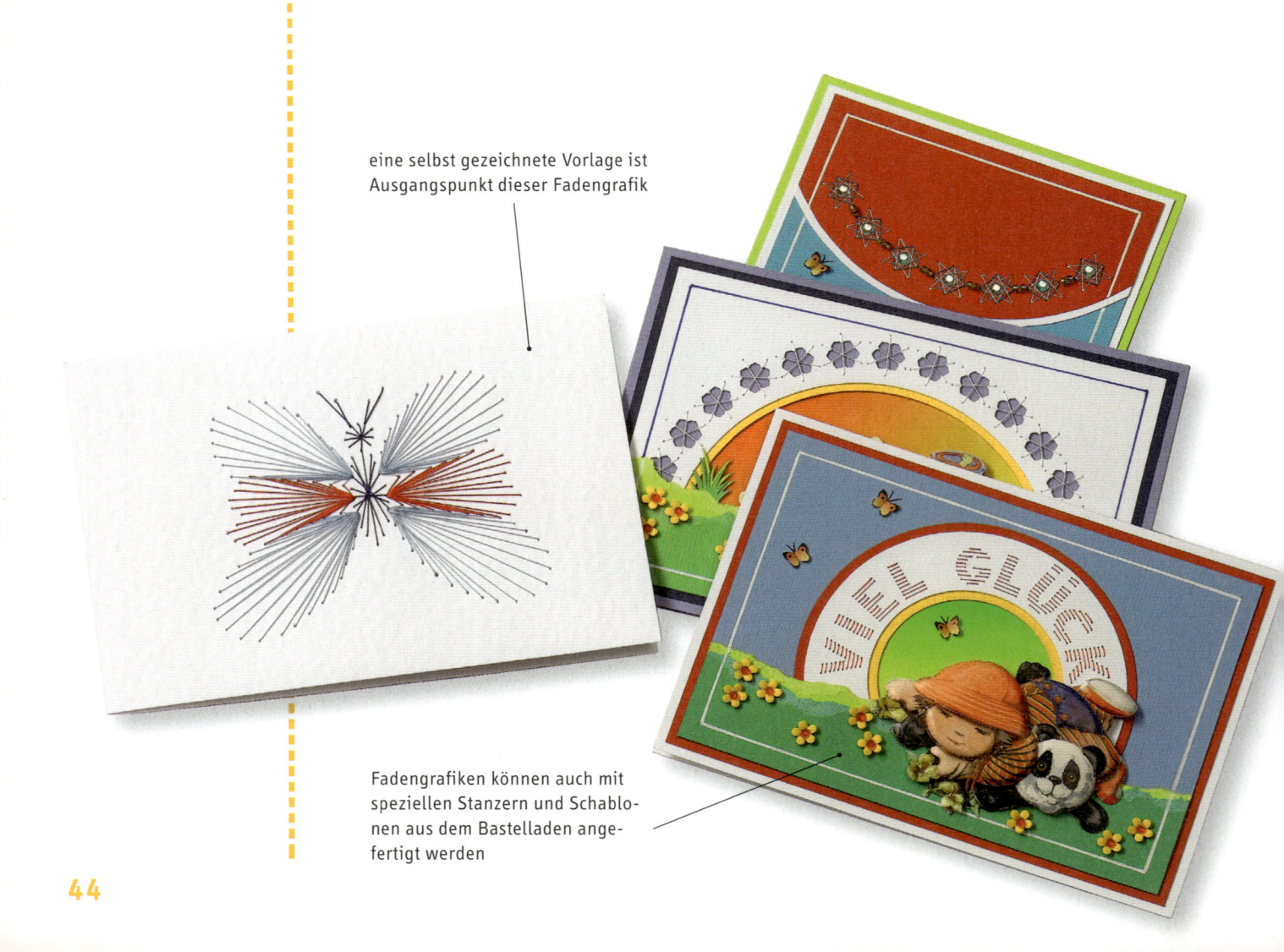

eine selbst gezeichnete Vorlage ist Ausgangspunkt dieser Fadengrafik

Fadengrafiken können auch mit speziellen Stanzern und Schablonen aus dem Bastelladen angefertigt werden

FADENGRAFIK

Fadengrafiken SELBST erstellen

Eine beliebige Motivvorlage kann die Basis der Fadengrafik sein, hier wird das Entwerfen und Anfertigen einer Sticklochschablone anhand eines Schmetterlings gezeigt.
Halten Sie zum Entwerfen von Motiven Millimeterpapier, Bleistift, Lineal, einen Rest Tonkarton und eine Prickelnadel bereit. Zum Sticken wird Maschinenstickgarn, einfädiger Sticktwist, dünnes Spitzenhäkelgarn (Stärke 60 bis 80) oder dünner Draht verwendet. Sehr schön sehen neben unifarbenen Garnen auch solche mit Farbverlauf aus.

Schritt für Schritt erklärt

1. Motiv entwerfen
Auf Millimeterpapier ein Motiv entwerfen. Um eine symmetrische Form zu erhalten, zunächst eine Hälfte ausgehend von der Mitte aufzeichnen, dann das Papier knicken und ausschneiden.

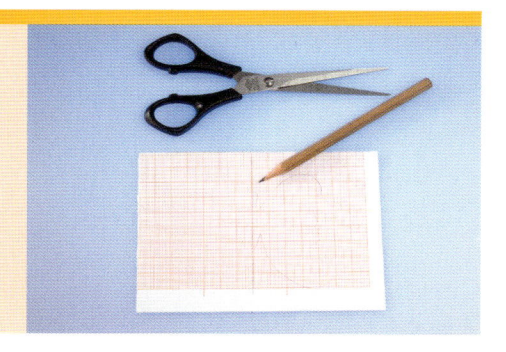

2. Vorlage vorbereiten
Das Motiv auf Karton übertragen und in gleichmäßigen Abständen Einstichstellen markieren. Diese mit einer Prickelnadel auf einer weichen Unterlage durchstechen. Die Kartonschablone dann auf die Karte legen, ggf. mit schwach klebendem Klebefilm fixieren und die Löcher übertragen.

3. Sticken
Den Faden auf der Rückseite mit Klebefilm fixieren und ihn bei Kopf und Flügeln von einem zentralen Punkt zu einem Loch – bei den Flügeln ist es das nächstliegende Loch des Motivteils – führen und dann wieder zurück zum Ausgangspunkt spannen. So im Uhrzeigersinn fortfahren. Alternativ keinen Mittelpunkt wählen, sondern immer gegenüberliegende Löcher mit einem Faden verbinden, wie beim Körper.

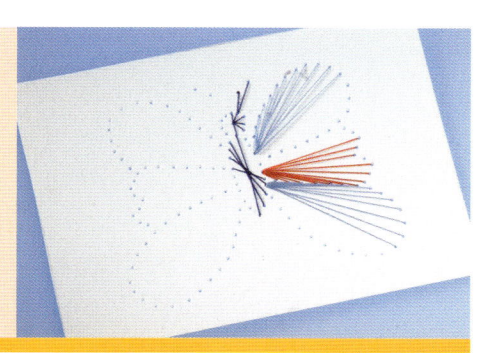

Tipps & Tricks

◆ Schneiden Sie recht lange Fäden zum Sticken der Fadengrafik ab, dann vermeiden Sie häufiges Neuansetzen. Den Faden auf der Rückseite verknoten oder mit etwas Klebefilm fixieren. Nach dem Sticken das Fadenende wieder mit Klebefilm fixieren.

◆ Die Rückseite der Stickerei ist meistens nicht sehr ansehnlich, deshalb wird sie mit einem Deckblatt überklebt (siehe Seite 12).

◆ Der Schmetterling wird mit rotem, blauem und hellblauem Spitzenhäkelgarn gestickt, die Vorlage finden Sie auf Seite 131.

◆ Stechen Sie die Löcher sehr sorgfältig und in gleichmäßigen Abständen, kleine Ungenauigkeiten fallen nach dem Sticken sofort ins Auge.

WORKSHOP

Tipps & Tricks

◆ Für halbrunde Schriftzüge erhalten Sie im Fachhandel entsprechend geformte Halter für die Buchstabenschablonen.

◆ Scheint Ihre Prickelnadel zu dick für die Prickelschablone, können Sie eine dünnere Unterlage (z. B. normales Moosgummi) verwenden, dann rutscht die Nadel nicht so tief durch.

Fadengrafik mit STANZERN und SCHABLONEN

Fadengrafiken leicht gemacht, das gelingt mit speziellen Motivstanzern und Prickelschablonen, die Sie im gut sortierten Fachhandel erhalten. Die Techniken heißen „Reflekta®" (Prickelschablonen, nach denen Buchstaben gestickt werden), „Queree®" und „Punch & Stitch®" (Stanzer, mit denen Lochmuster für das Sticken gestanzt werden). Eine nette Idee ist die Kombination von Fadengrafik und Perlenstickerei, wie die Karte auf Seite 47 zeigt.

Umsticken von gestanzten Motiven

Bei dieser als „Queree®" bekannten Technik aus Holland werden entsprechend eines zuvor entworfenen oder vorgegebenen Musters geometrische Formen aus der Karte ausgestanzt, darum herum in gleichen Abständen Löcher geprickelt und diese in der Waagerechten und Senkrechten mit gespannten Fäden verbunden. Dabei entstehen Bordüren, die eine dekorative Randgestaltung einer Karte sind.

Zum Anfertigen einer solchen Karte die Schablone aus dem Buch kopieren oder auf Transparentpapier zeichnen und mit schwach klebendem Klebefilm auf der Karte befestigen. Die aufgezeichneten Motive mit einem kopfüber gehaltenen Motivstanzer herausstanzen. Anschließend auf einer dicken Moosgummimatte o. Ä. Löcher – auf allen Seiten des Motivs die gleiche Anzahl und alle in gleichmäßigen Abständen zueinander und zum Motiv –prickeln. Anschließend werden die Fäden zwischen den Löchern gespannt, dabei zuerst alle Waagerechten und dann alle senkrechten Partien (oder umgekehrt) sticken.

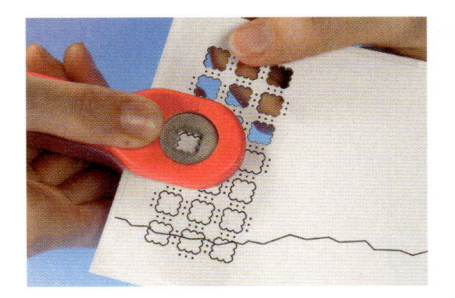

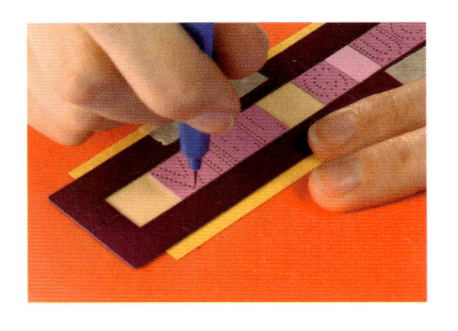

Buchstaben sticken

Bei dieser als „Reflekta®" bekannten holländischen Kartentechnik werden mithilfe von im Fachhandel erhältlichen Prickelschablonen Lochmuster zum Sticken von Buchstaben erstellt.
Die Buchstabenschablonen in den Halter legen und diesen mit etwas schwach klebendem Klebefilm auf dem Papier befestigen. Dann mit einer Prickelnadel auf einer weichen Unterlage, beispielsweise einer Moosgummimatte, die Löcher stechen. Die Prickelnadel dabei ganz gerade halten.

FADENGRAFIK

Nun die geprickelten Löcher miteinander verbinden. Bei diesen Blockbuchstaben werden die Fäden waagerecht gespannt und ergeben – mit etwas Abstand betrachtet – den Umriss des Buchstaben. Das bestickte Papier dann auf eine Karte kleben oder – wenn Sie direkt auf einer Karte gestickt haben – die Rückseite mit einem Deckblatt überkleben.

Stanzen, Sticken und Perlenverzierung

Eine besondere Idee ist das Aufsticken von Perlen, die einer Fadengrafik – aber auch anderen Motiven – das gewisse Etwas geben. Dazu sollten, wie beim Sticken auf Papier generell, die Löcher vorgestochen werden. Die Perlen werden dann einzeln oder in zuvor festgelegten Gruppen auf den Faden gezogen und festgenäht. Diese Technik ist unter dem Namen „Punch & Stitch®" bekannt.

Schritt für Schritt erklärt

Muster stanzen
1 Zum Stanzen des Musters die Vorlage kopieren oder selbst eine anfertigen. Dabei beachten: damit das gestanzte Sternenmuster am richtigen Platze erscheint, wird jeweils eingezeichnet, wie tief der Locher in die Karte geschoben werden muss.

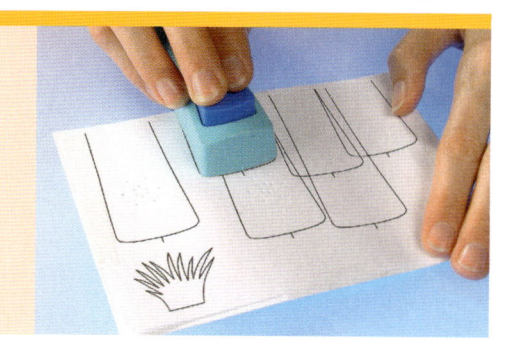

Muster sticken
2 Das Muster mit einem dünnen Garn sticken, hier werden zuerst die Sternenzacken gestickt. Dafür von einem Loch im mittleren Kreis ausgehend die Zacken Seite für Seite rundum sticken.

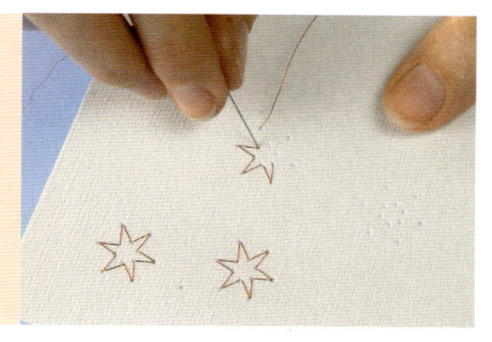

Perlen aufsticken
3 Den mittleren Kreis mit Perlen verzieren. Dazu den farblich abgestimmten Faden durch eines der Löcher von der Rückseite aus nach vorne führen, eine Perle aufnehmen und die Nadel im nächsten Loch wieder zur Rückseite durchstechen. Vom nächsten Loch aus die Nadel wieder nach vorne stechen, eine Perle aufziehen und so die Kreisform mit Perlen füllen. Die Kreismitten mit Strasssteinen bekleben.

Tipps & Tricks

◆ Die einzelnen Stanzformen sind sehr variabel – je nachdem, wie Sie die Fäden spannen, erhalten Sie immer neue Muster. Bei diesem Stanzer können Sie beispielsweise auch immer die nebeneinander liegenden Löcher am Außen- bzw. Innenkreis verbinden und dabei zwei bis drei Perlen aufziehen, so erhalten Sie dekorative Achtecke.

◆ Fadenanfang und -ende werden bei der Fadengrafik immer mit etwas Klebefilm auf der Rückseite befestigt.

◆ Nach dem Sticken können die Löcher von der Rückseite mit der Rückseite eines Teelöffels zugerubbelt werden.

Zwei Herzen

Wie in der Anleitung auf Seite 45 beschrieben die Löcher in die Karte stanzen und die Fäden laut Muster von P1 zu P2, P3 zu P4 usw. bis P53 zu P1 spannen. Dann die Rückseite mit Tonpapier überkleben und ein Einlegeblatt mit Satinband in die Karte binden. Das Band außen etwas überstehen lassen und von beiden Seiten mit kleinen Papierstücken bekleben. Darauf den Schriftzug „Zur Hochzeit" setzen.

MATERIAL
- Doppelkarte in Weiß, Büttenpapier, 16,2 cm x 11,4 cm
- Nadel und Spitzenhäkelgarn in Rosa
- Tonpapier in Weiß, A4
- Schleifenband in Rosa
- Ziersticker in Silber: Zur Hochzeit

VORLAGE
Seite 132

IDEENINSEL

MATERIAL
- Doppelkarte in Weiß, 15,6 cm x 11,1 cm
- Tonkarton in Blau, 14,5 cm x 10 cm, und Rot, 15 cm x 10,5 cm
- Tonkartonreste in Grün, Weiß, Rot, Hellgrün und Gelb
- Regenbogenpapierrest
- 3D-Motivbogen
- Reflekta®-Buchstaben-Prickelschablonen
- Motivstanzer: Blüte und Schmetterling, 7 mm hoch
- Nadel und Stickgarn in Rot
- Gelstift in Weiß

Viel Glück

Die Prickelschablonen auf den weißen Karton legen und die Löcher stechen. Den Kreisbogen (2 cm breit) zuschneiden und den Text sticken. Dann den Bogen unten und oben rahmen (siehe Seite 24) und Regenbogenpapier dahinter kleben. Den doppelten Streifen Gras unten auf die Karte kleben und das Mädchen mit dem Panda in 3D darauf setzen (Seite 38). Die Karte mit ausgestanzten Blumen und Schmetterlingen (mit Gelstift bemalt) verzieren und mit einen Gelstift rundum einen Rahmen zeichnen. Dann die Papierlagen aufeinander und auf die Karte kleben.

Schlafender Junge

Die Vorlage auf das weiße Kartonstück legen, die Motive ausstanzen sowie den Bogen ausschneiden (siehe Seite 24). Violetten Karton hinter die Stanzungen kleben und die Löcher um das Motiv herum einstechen. Die Vorlage abnehmen und sticken.

Hinter den Bogen gelbes Papier kleben und dieses im Abstand von 2,5 mm abschneiden. Dann Regenbogenpapier aufkleben und das weiße Papier auf das dunkelblaue und dieses auf die Doppelkarte kleben.

Zwei Papierstreifen reißen und als Gras auf die Karte kleben. Den Rand mit Gelstiften zeichnen und das 3D-Motiv aufsetzen (siehe Seite 38). Mit ausgestanzten Blüten und Perlen verzieren.

MATERIAL
- Doppelkarte in Violett, 15,6 cm x 11,1 cm
- Tonkarton in Weiß, 14,5 cm x 10 cm, und Dunkelblau, 15 cm x 10,5 cm
- Tonkartonreste in Gras- und Hellgrün, Gelb und Violett
- Regenbogenfotopapierrest in Gelb-Rot-Verlauf
- 3D-Motivbogen
- Queree®-Stanzer und Motivstanzer: Blüten, ø 7 mm
- Rocailles in Rot
- Nadel und Nähgarn in Weiß
- Gelstift in Weiß und Lila

VORLAGE
Seite 132

FADENGRAFIK

MATERIAL
- Doppelkarte in Hellgrün, 16,1 cm x 11,1 cm
- Tonkartonreste in Wasserblau, Weiß, Orange und Dunkelblau
- Punch & Stitch®-Stanzer: Blume
- Rocailles in Blau, ø 2,2 mm
- Schmucksteine in Orange, ø 4 mm
- Nadel und Stickgarn in Grün
- 3D-Motivbogen
- Motivstanzer: Schmetterling, 7 mm hoch
- Gelstifte in Weiß, Schwarz und Blau

VORLAGE
Seite 132

Gnom

Das Papier zuschneiden: 15 cm x 10 cm in Weiß, 15,5 cm x 10,5 cm in Wasserblau und 3,5 cm x 10 cm in Orange.

Die Mustervorlage präzise auf dem orangefarbenen Streifen fixieren, stanzen und wie auf Seite 47 beschrieben sticken. Den Streifen zu einer Seite blau und grün rahmen (siehe Seite 24).

Aus zwei blauen Streifen gerissenes Papier als Wasser aufsetzen und das Motivbild aufkleben (siehe Seite 38). Mit Buntstiften Wellen zeichnen und den Hintergrund schattieren. Mit Gelstiften einen Rahmen rundherum ziehen und Schmetterlinge (mit bemalten Flügeln) und Schmucksteinchen hinzufügen.

5 SCRAP-BOOKING

Hinweis

◆ Vergewissern Sie sich, dass das verwendete Material säurefrei ist, falls Sie mit Fotos arbeiten. Nicht säurefreie Materialien greifen die Fotos an und lassen sie mit der Zeit ausbleichen und gelbstichig bzw. fleckig werden. Wenn Sie Karten ohne Fotos gestalten, können Sie jede Papiersorte verwenden.

Scrapbooking ist der Kreativtrend aus Amerika, mit dem Erinnerungsalben – aber auch Karten – mit schönen Resten (scrap = Schnipsel, Rest) gestaltet werden. Mehr noch als eine genaue Anleitung zum Nacharbeiten zählt hier die gute Inspiration. Selbst wenn Sie ganz andere Papiere und Fotos zu Hause haben, können Sie mit dem hier gezeigten umfangreichen Know-how im Papier Bearbeiten und Gestalten, kreativen Verbinden mit Ösen, Anfertigen kunstvoller Fotokaleidoskope und raffinierter Wasserfallkarten originelle Scrap-Cards gestalten.

Bei Scrapbooking gilt: Alles lässt sich verwenden! Bald werden auch Sie ein Scrap-Jäger sein – immer auf der Suche nach schönen Papieren, tollen Stickern, bunten Knöpfen und Bändern.

bei Scrapbooking werden aus hübschen Zierteilen und Fotos Unikate angefertigt

Bänder, Knöpfe, Ösen – schwelgen Sie in der bunten Materialvielfalt!

mit Farbe und mehr können Papiere selbst gestaltet werden

Papier GESTALTEN

Individuelle Papiere lassen sich mit wenigen Hilfsmitteln leicht selber machen: Durch Schmirgeln oder Brushen mit Farbe erhält gemustertes oder unifarbenes Papier einen schönen Antiklook. Zu kräftige Muster können mit verdünnter Farbe getüncht werden, so dass sie sich harmonisch in die Gesamtgestaltung einfügen. Ein besonderes Highlight ist Papier im Knitterlook. Seien Sie nicht zaghaft beim Zusammenknüllen, sonst ist der Effekt nur halb so gut.

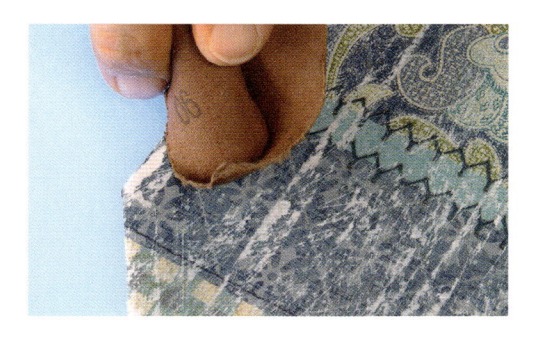

Antiklook durch Schmirgeln

Für ein besonders altes Aussehen kann das Papier mithilfe von Schleifpapier (beispielsweise Körnung 90) etwas abgeschliffen werden. Besonders gute Effekte erzielen Sie dabei mit Musterpapieren, aber auch unifarbene Papiere lassen sich so bearbeiten.

Patina geben

Mit einem Stempelkissen oder einem trockenen Borstenpinsel mit nur sehr wenig Farbe kann eine Karte oder ein einzelnes Motivteil mit einer „Patinaschicht" versehen werden. Dafür die Farbe vor allem an den Kanten mit unregelmäßigen Farbstrichen auftragen.

Papier tünchen

Wenn Ihnen ein Papier gut gefällt, die Farben aber zu kräftig sind, kann es weiß getüncht werden. Dafür weiße Acrylfarbe so lange mit Wasser verdünnen, bis eine dünnflüssige Konsistenz entsteht. Alles gut verrühren, dann die Farbmischung mit einem weichen Pinsel über das Papier streichen und trocknen lassen (ggf. mit Bügeleisen glätten). Das ist besonders nützlich, wenn ein Papier besonders kräftige Farben hat und man es für ein Projekt gezielt abtönen möchte.

Tipps & Tricks

◆ Das Tünchen können Sie auch mit anderen Farben ausprobieren, z. B. eine rosa Schicht über helleres Papier geben.

◆ Papierränder sind besonders dekorativ, wenn sie mit der Zierrandschere geschnitten werden. Diese speziellen Scheren erhalten Sie in einer großen Auswahl im Fachhandel, beispielsweise mit Bogen, Zacken oder Büttenrand-Mustern. Beim Schneiden sollte die Schere nie ganz geschlossen, sondern nach ca. Dreiviertel der Länge neu angesetzt werden. Dabei nach Möglichkeit die Schere an einem Teil des bereits geschnittenen Musters ansetzen.

◆ Wie Ausschnitte ausgerissen werden – beispielsweise bei der gelben Danksagungskarte auf dem Foto – sehen Sie auf Seite 78.

WORKSHOP

Tipps & Tricks

◆ Das Papier wird nach Schritt 1 richtig zerknüllt. Beachten Sie dabei, dass Sie es locker in der Hand halten und nicht spannen, sonst reißt es an den Seiten ein.

◆ Auch das erhabene Muster von geprägtem Papier kann mit einem Stempelkissen oder einem trocknen Pinsel mit nur sehr wenig Farbe gefärbt werden. Dazu nur das Relief mit Farbe bestreichen.

◆ Schöne Effekte erzielen Sie auch durch das Aufnähen statt Aufkleben des Papiers, wie bei der Hosentaschenkarte auf Seite 105 zu sehen. Es können auch Papierreste zu einem Patchwork zusammengenäht werden. Dadurch entstehen ungezählte neue Möglichkeiten der Papiergestaltung.

Papier im Knitterlook

Gar nicht zaghaft wird hier mit dem Papier umgegangen. Nach einem kräftigen Schlag in den Bogen wird dieser in sich zerknüllt. Die entstandenen Knicke werden dann mit wasserlöslicher Stempelfarbe gefärbt, bevor das Papier wieder glatt gebügelt wird. Seien Sie nicht ängstlich, das Papier wird am Ende wirklich wieder ganz glatt!

Schritt für Schritt erklärt

1 Papier zerknüllen
Das Papier locker in eine Hand nehmen und mit der anderen kräftig hineinschlagen. Anschließend das Papier zerknüllen.

2 Mit Stempelfarbe bestreichen
Das geknüllte Papier auf der Arbeitsfläche etwas glatt streichen. Dann mit einem Stempelkissen mit wasserlöslicher Farbe über das Papier streichen. An den Knicken bleibt die Farbe haften. Nicht zaghaft beim Aufstreichen der Farbe sein!

3 Mit Wasser besprühen
Das Papier mithilfe einer Spritzflasche mit Wasser besprühen. Die Flasche ca. 30 cm entfernt halten.

4 Bügeln
Nun das Papier auf einer geeigneten Unterlage wieder trocken- und damit glattbügeln.

SCRAPBOOKING

EYELETS setzen

Eine dekorative Möglichkeit, ausgestanzte, ausgeschnittene oder gerissene Dekorationen anzubringen, sind Ösen, so genannte Eyelets. Diese halten die Verzierung am Platz und sorgen zusätzlich für einen plastischen Effekt. Zum Setzen von Ösen benötigen Sie ein spezielles Werkzeug bestehend aus einem Lochstanzer und einem Ösensetzer, zusätzlich einen Hammer und eine schnittfeste Unterlage.

Tipps & Tricks

◆ Bei Ösenwerkzeug gibt es große Qualitätsunterschiede. Achten Sie darauf, dass die Spitze aus Metall besteht, denn damit erzielen Sie bessere Ergebnisse als mit Spitzen aus Kunststoff.

◆ Statt Ösen können Sie auch so genannte Brads verwenden, das sind farbige Musterbeutelklammern. Dafür benötigen Sie kein Spezialwerkzeug. Einfach einen kleinen Einschnitt an der gewünschten Stelle in die Karte machen, schon können Sie die Klammern durchschieben und auf der Rückseite auseinander drücken.

◆ Es ist zu empfehlen, zum Eyeletsetzen nicht die neueste Unterlage zu benutzen, sondern sich eine Schlagmatte zuzulegen, da eine Schneideunterlage durch das Stanzen beschädigt wird.

◆ Ösen und Brads können mit Pinsel und Acrylfarbe, Lackmalstift oder Nagellack in der gewünschten Farbe an die Kartengestaltung angepasst werden.

Schritt für Schritt erklärt

1. Loch stanzen
Zuerst mit dem Lochstanzer ein Loch in das Papier stanzen. Dabei auf einer Schneideunterlage arbeiten, damit die Arbeitsfläche nicht beschädigt wird. Nur Materialien bis zu 400 g/qm verwenden.

2. Öse einsetzen
Nach dem Stanzen die Öse durchstecken und das Papier umdrehen.

3. Öse befestigen
Den Ösensetzer auf die Öse aufsetzen und diese durch ein paar gezielte Hammerschläge spreizen und so fixieren.

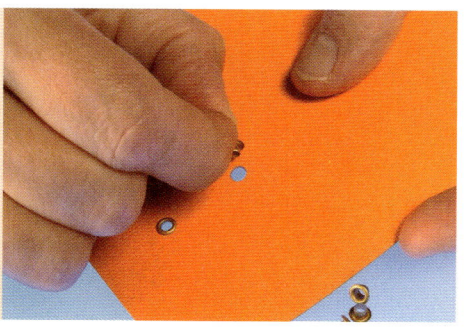

WORKSHOP

Hinweise

◆ Die Rückseite der Motivquadrate kann beschriftet werden, hier beispielsweise mit „Wir- gratulieren-dir". Auch ausgestanzte Motive sind eine schöne Zierde.

WASSERFALLkarten

Eine besondere Kartenidee ist diese: Mit etwas Versatz werden einzelne Motive auf einen vorbereiteten Papierstreifen geklebt und auf der Karte angebracht. Zieht man unten am Papierstreifen, so klappen die einzelnen Kärtchen um und ein Gruß erscheint. Diese Idee lässt sich auch mit Fotos oder Comics bestens umsetzen.

Schritt für Schritt erklärt

Einzelteile vorbereiten
Für die Kartengestaltung einen Streifen, 5 cm x 23 cm, bereitlegen, der bei 5 cm, 7 cm, 9 cm und 11 cm gefalzt wird. Im oberen Ende am Rand eine Ringöse anbringen. Außerdem vier Kartonquadrate, 5 cm x 5 cm, sowie die Doppelkarte bereitlegen.

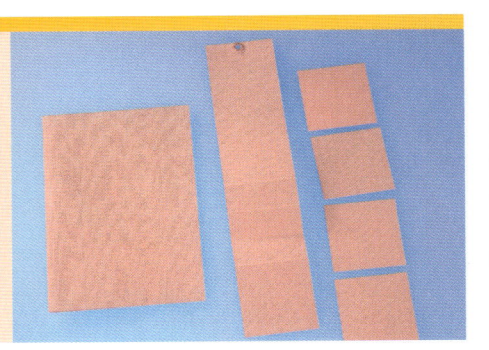

1

Papierquadrate aufkleben
Das erste Quadrat auf der unteren Fläche des Streifens festkleben. Die nächsten Papierquadrate jeweils im oberen Bereich auf den markierten Flächen fixieren, dabei überlappen sie einander. Alle Quadrate aufkleben, dann das restliche Stück Papier nach hinten umknicken.

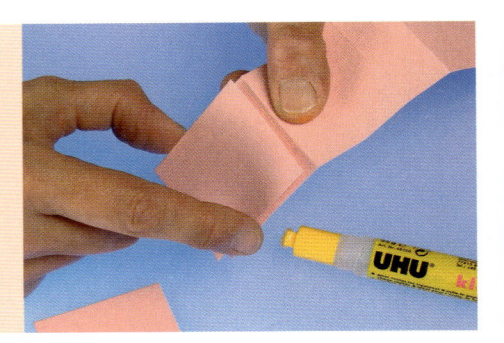

2

Verzierungen aufkleben
Nun die Verzierungen aufkleben. Hier sind es Schmetterlingsmotive aus einem Musterpapier geschnitten, ganz originell sind Varianten der Karte mit Comics (aus Zeitung ausschneiden und mit dem Fotokopierer auf das benötigte Maß bringen) oder Fotos.

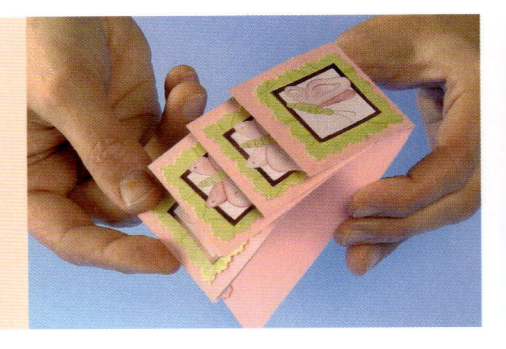

3

Karte zusammenstellen
Die Karte und einen 2,5 cm breiten Streifen Karton, etwas kürzer als die Karte breit ist, nach Wunsch mit Motivpapier bekleben. Dann diesen Streifen oberhalb der Öse (für das Zugband) auf dem Wasserfallstreifen festkleben und an den Seiten mit Ösen oder Klebstoff auf der Karte befestigen. Der Abstand zum unteren Kartenrand sollte ca. 3 cm betragen. In die Ringöse ein Band knüpfen.

4

SCRAPBOOKING

Foto-Kaleidoskop

Eine raffinierte Art, Karten mit Fotos zu verzieren, ist ein Foto-Kaleidoskop. Das Bild wird aus acht identischen Bildern, vier davon sind gespiegelt, zusammengesetzt.

Als Schablone einen Transparentpapierkreis in der Größe des gewünschten Kaleidoskop-Bildes ausschneiden und in acht Stücke teilen (Winkel jeweils 45 Grad). Daraus ein Stück ausschneiden, das ist die Schablone. Mit dem Rest kann zu Beginn ein geeigneter Bildausschnitt im Motiv ausgesucht werden. Es ist wichtig, dass Sie immer den gleichen Ausschnitt wählen, deshalb sollten Sie sich mehrere Referenzpunkte im Motiv suchen, z. B. immer am Arm und direkt über dem Haar ansetzen. Die Schablone auflegen und das Motiv ausschneiden oder die Markierung mit einem Stift anzeichnen und den Ausschnitt dann ausschneiden. Ebenso mit den anderen Fotos verfahren.

Die Einzelteile zum Kreis zusammensetzen. Überprüfen Sie vor dem Zusammenkleben, ob die Formen zusammenpassen. Die Fotos auf ein Stück Papier kleben und dann mit einem schmalen Rand zuschneiden.

SERVIETTENtechnik leicht gemacht

Eine Serviette lässt sich mithilfe von Klarsichtfolie einfach auf die Karte aufbügeln, Serviettenkleber und Trocknungszeit ade! – So simpel das klingt, so einfach ist es auch.

Einfach die oberste, bedruckte Schicht von der Serviette ablösen und ein ausreichend großes Stück Klarsichtfolie von der Rolle abtrennen. Die Folie auf der Karte platzieren, sie ragt über die Ränder hinaus. Dann die zugeschnittene Serviette auf dem gewünschten Platz auflegen und glatt streichen.

Das Bügeleisen auf Baumwolltemperatur einstellen und Backpapier über die Serviette legen. Vorsichtig, aber mit Druck, mit dem Bügeleisen hin- und herbügeln (ohne Dampf!), bis die Serviette sich mit der Karte verbindet. Immer wieder kontrollieren, ob schon alles festgebügelt ist. Solange bügeln, bis die Serviette komplett mit der Karte verschmolzen ist, dann die überstehenden Reste abschneiden. Von der Serviette unbedeckte Flächen, auf denen Frischhaltefolie verschmolzen ist, erscheinen glänzend.

Tipps & Tricks

◆ Manche Fotos haben unpassende Hintergünde oder das falsche Format. Mit zwei selbst gebastelten Rahmenstücken kann man einen Ausschnitt festlegen. Dazu aus schwarzem Fotokarton zwei rechtwinklige Rahmenteile anfertigen. Wenn man beide Teile gegeneinander verschiebt, kann man dabei einen passenden Bildausschnitt eingrenzen und testen, wie das Foto nun wirkt, ohne dass man es vorher verschneiden muss.

◆ Hinterlegen Sie Fotos immer mit einem größeren Kontrastpapier. Dadurch kommt das Foto besser zur Geltung.

◆ Die Serviette beim Aufbügeln immer gut mit Backpapier abdecken und auch am Rand gut aufbügeln.

Wasserfallkarte

Die hellgrünen Papiere mit der Zierrandschere zuschneiden. Die Karte falzen und mit dem etwas kleineren grünen Papier bekleben. Auch den schmalen Streifen mit Papier bekleben, und an den Seiten Ringösen anbringen (siehe Seite 54). Die quadratischen Zuschnitte und die Schmetterlingsverzierungen laut Grundanleitung anbringen und die Karte wie dort beschrieben zusammenfügen und verzieren.

MATERIAL
- Cardstockpapier in Rosa, 21 cm x 15 cm (Karte), 5 cm x 23 cm, 2,5 cm x 10 cm und 4 x 5 cm x 5 cm
- Scrapbookpapier in Hellgrün, 9,5 cm x 14 cm, 2 cm x 9 cm und 4 x 4,5 cm x 4,5 cm
- 3D-Bogen: Schmetterling
- 3 Blumenösen in Rosa, ø 8 mm
- Stempelfarbe in Hellgrün
- Wollreste in Pink
- Zierrandschere
- Motivstanzer: Schmetterling, 1,5 cm hoch

IDEENINSEL

MATERIAL
- quadratische Doppelkarte in Creme, 13,5 cm x 13,5 cm
- Tonkartonrest in Creme, 5 cm x 4,5 cm
- Serviette: Kaffee, 12 cm x 12 cm
- Filzstift und Stempelkissen in Braun
- Plusterstift in Weiß
- Kaffeebohnen
- Zierrandschere
- Frischhaltefolie
- Backpapier
- Bügeleisen

Kaffeeklatsch

Die Serviette wie auf Seite 55 beschrieben mit Frischhaltefolie auf der Karte fixieren.
Das kleine cremefarbene Papier mit der Zierrandschere ausschneiden und beschriften. Den Rand vorsichtig mit brauner Stempelfarbe brushen und das Schild mit Abstandspads auf die Karte kleben. Die Karte mit brauner Stempelfarbe brushen. Mit dem Plusterstift Schaum auf die Tassen malen und in die noch feuchte Farbe zerdrückte Kaffeebohnen streuen. Zur Zierde noch ein paar Kaffeebohnen aufkleben.

Einladung

Das Papier für die Karte in der Mitte falten und die Ecken mit dem Stanzer abrunden, ebenso die Ecken der anderen Rechtecke abrunden.
Nun die kleineren Rechtecke mit Herzen verzieren: Aus einem Löcher stanzen und das Rechteck mit Kordel umwickeln. Auf das andere Herz mithilfe eines Bastelholzes das Rubbelbild aufbringen, mit der Prickelnadel Löcher stechen und ein Stück Kordel durchziehen und verknoten. Die Ränder mit roter Stempelfarbe brushen und die Rechtecke aufkleben.
Das große Rechteck bestempeln, auf das verbliebene aprikotfarbene kleben, an den Rändern brushen und aufkleben. In der Mitte der Karte zwei Löcher stanzen, das Chiffonband durchziehen und eine kleine Schleife binden.

MATERIAL
- Tonkarton in Bordeaux, 21 cm x 14 cm (Karte) und 9 cm x 6 cm, und Aprikot, 2 x 5 cm x 6,5 cm und 10 cm x 7 cm
- Stempelfarbe in Schwarz und Rot
- Stempel: Einladung, ca. 8 cm breit
- Baumwollkordel in Natur, ø 1,5 mm, 2 x 25 cm lang
- Chiffonband in Creme, 2,5 cm breit, 30 cm lang
- Aufrubbelbild (Rub on) in Pink: Knopf, ø 2 cm
- Eckenstanzer (für Rundung)
- Stanzwerkzeug

VORLAGE
Seite 136

SCRAPBOOKING

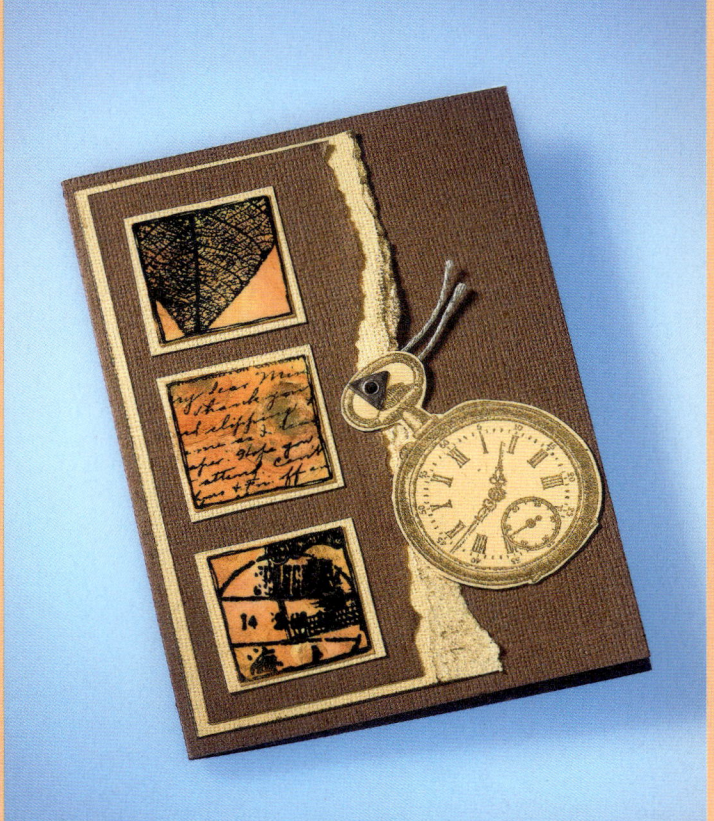

MATERIAL
- Cardstockpapier in Dunkelbraun, A4, und Rest in Ocker
- Glanzkartonrest
- Alkoholfarbe in Butterscotch, Terrakotta, Ginger und Gold
- Alkoholliquid (Blending Solution)
- Stempel: Uhr, Blätter, Schrift und Poststempel
- Pigmentstempelfarbe in Schwarz
- Chalk-Stempelfarbe in Braun
- Eyelet in Braun
- Kordel in Natur, ø 1 mm, ca. 10 cm lang

Wie die Zeit vergeht

Die Karte, 15 cm x 21 cm, zuschneiden und falzen. Alkoholfarbe auf ein Schwämmchen träufeln, auf dem Glanzkarton verteilen und etwas Metallicfarbe auftupfen. Alkoholliquid darauf tropfen, dadurch läuft die Farbe ineinander. Nach dem Trocknen Quadrate, ca. 2,5 cm groß, zuschneiden und bestempeln. Die Quadrate mit ockerfarbenem Papier doppeln.
Die Uhr auf ockerfarbiges Papier stempeln und ausschneiden. Zwei Rechtecke in Ocker und Braun, ca. 15 cm x 7 cm/6 cm, schneiden und den rechten Rand reißen. Die Uhr mit einer Öse und brauner Kordel mittig anbringen und alles laut Abbildung auf die Karte aufkleben.

6 STEMPELN UND MALEN

Hinweis

◆ KonturColor-Malerei ist auch unter dem Namen Shadowpainting bekannt.

Stempeln ist ganz einfach und geht schnell: Den Stempel mit Farbe versehen, auf das Papier drücken, fertig. Aber es geht auch viel raffinierter, ohne dass es kompliziert wird! Schnell gemacht sind reliefartige Abdrücke, dafür wird das Stempelmotiv embosst. Von ganz einfach bis komplex können Sie in der Schablonentechnik arbeiten, wodurch eine große Tiefenwirkung im fertigen Bild erzielt wird. Außerdem erfahren Sie alles zu Farbgestaltung und das Anfertigen siegelartiger Reliefs.

Viel einfacher als sie aussehen sind auch die Karten mit KonturColor gemalt. Dank einer einfachen Maskiertechnik – die Umrisse werden mit einem abrubbelbaren Gel auf das Aquarellpapier vorgezeichnet – lassen sich die Farbflächen gezielt ausmalen und schattieren.

kunstvolles Malen leicht gemacht – bei **KonturColor** wird die aufgemalte Kontur mit Farbe gefüllt, die aquarellartigen Effekte entstehen ganz nebenbei

mit **Stempeln** sind die unterschiedlichsten Gestaltungen möglich

STEMPELN UND MALEN

Kunstvoll STEMPELN

Kleine Materialkunde

Ein Stempel, etwas Farbe – und fertig ist die Karte? Wir zeigen Ihnen, wie Sie Stempel kreativer und raffinierter einsetzen können. Bevor Sie aber losstempeln, sollten Sie sich mit den Grundmaterialien vertraut machen.

Neben dem Stempel Ihrer Wahl benötigen Sie Stempelfarbe. Dabei können Sie aus drei **Stempelfarben** wählen, alle sind in einer großen Farbauswahl erhältlich. **Pigmentstempelfarbe** trocknet langsam und ist dadurch gut für das Embossing geeignet (nur für Papier). **Tuschestempelfarbe** trocknet sehr schnell. Sie eignet sich gut zum Gestalten von Hintergründen, ist aber ungeeignet für Embossing. **Chalk-Stempelfarbe** trocknet schnell auf fast allen Untergründen und eignet sich gut für farbige Hintergründe. Der Stempelabdruck gleicht einer Pastellarbeit (engl. chalk = Kreide). Auch sie ist nicht für Embossing geeignet.

Zum Embossen benötigen Sie **Embossingpulver,** das auf den feuchten Stempelabdruck gestreut wird. Das Verschmelzen erfolgt mit einem **Heißluftgerät** bei etwa 100° C.

Halten Sie auch immer ausreichend **Schmierpapier** zum Probestempeln, als Unterlage und zum Auffangen überschüssigen Embossingpulvers bereit!

Zum Reinigen des Stempels wird ein feuchtes **Schwammtuch** verwendet.

Extrastarke doppelseitige Klebefolie, erhältlich als Band oder Bogen, eignet sich sowohl zum Aufkleben der gestempelten Motive, zum Aufstreuen von Zierteilen wie kleinen Glaskügelchen, ist aber ebenso Basis für siegelartige Stempelreliefs bei „Amazing Glaze". Schablonenpapier wird für die Maskiertechnik benötigt.

Zum Stempeln eignen sich alle **Papiere,** besondere Effekte erzielen Sie mit Glanzkarton oder festem Pergamentpapier.

Tipps & Tricks

◆ Im Fachhandel erhalten Sie spezielle Embossing-Stempelfarbe. Diese ist klar oder leicht eingefärbt und trocknet langsam, so dass das Embossingpulver darauf haftet.

◆ Mit Embossing-Schreibern, das sind Faserschreiber mit einer langsam trocknenden Tinte, können Sie selbst Schriftzüge oder Motive in der Embossing-Technik gestalten.

◆ Stempel werden vor jedem Farbwechsel und nach Beendigung des Stempelns mit einem Schwammtuch gereinigt. Ggf. einen Stempelreiniger und eine so genannte Schrubbkiste aus dem Fachhandel verwenden, um alte Farbe zu lösen. Reste von Chalk-Stempelfarbe sofort nach Gebrauch abwischen.

Farbe auftragen

Das Motto ist: tupfen, tupfen, tupfen, denn nur durch mehrfaches Tupfen mit dem Stempelkissen erhalten Sie einen gleichmäßigen Farbauftrag auf den Stempel. Wenn Sie den Stempel nur einmal mit Kraft in das Stempelkissen pressen, drücken Sie die Farbe an dem Druckbild vorbei in die Ritzen und Vertiefungen des Stempelgummis – so entstehen keine klaren Stempelabdrucke. Den Stempel beim Betupfen am besten auf die Arbeitsfläche legen.

WORKSHOP

Tipps & Tricks

◆ Drücken Sie den Stempel nicht mit dem Handballen aufs Papier! Schon durch das Loslassen des Stempels könnte ein Fehldruck entstehen und durch das starke Drücken auf einen bestimmten Bereich des Stempels würden Sie den Druck ungleichmäßig verteilen, so dass ein Teil des Motivs fett und verschmiert, der Rest blass erscheinen kann.

◆ Statt Stempelfarbe können Sie auch Filzstifte zum Einfärben des Stempels verwenden. Damit können Sie den Stempel gezielt in mehreren Farben einfärben.

◆ Bevor Sie auf der Karte stempeln, sollten Sie einige Probedrucke auf Schmierzetteln machen.

Richtig stempeln

Nur wenn das Stempelgummi mit gleichmäßigem Druck Kontakt zum Papier bekommt, erzielen Sie einen sauberen Stempelabdruck. „Sanft aber bestimmt" sollten Sie stempeln. Den Stempel gut mit einer oder beiden Händen festhalten und senkrecht auf das Papier drücken. Dabei darauf achten, dass die gesamte Gummifläche Kontakt zum Druckgut hat. Dabei dürfen Sie den Stempel nicht loslassen, bevor Sie ihn vom Papier abgehoben und zur Seite gelegt haben.
Stempelmotive haben ungleichmäßige Formen, sie sind mehr oder weniger dicht. Dichte, flächige Motive benötigen mehr Druck, dünne Linien und kleine Punkte entsprechend weniger.

In Linie stempeln

Wenn Sie eine schöne ordentliche Motivreihe gestalten möchten, stempeln Sie am besten entlang einer kleinen Leiste. Kleben Sie die Leiste mit doppelseitigem Klebeband auf ein Blatt Papier. Beginnen Sie links etwas außerhalb ihrer Karte und zielen Sie vor jedem neuen Abdruck über die Kante des Stempelgriffes auf die rechte Seite ihres soeben gestempelten Motivs. So erhalten Sie Stempelabdrucke in gleichmäßigen Abständen.

Farbgestaltung – Aquarellieren

Moderne Stempelkissen (Tusche und Chalk) trocknen im Gegensatz zu gewöhnlichen Bürostempelkissen permanent, d. h. ein getrockneter Stempelabdruck kann ohne Verschmieren mit nassen Farben übermalt werden. Das erlaubt wunderbare aquarellähnliche Effekte.
Der Stempelabdruck muss gut getrocknet sein, ggf. mit dem Heißluftgerät arbeiten. Zum Kolorieren werden Faserschreiber oder Aquarellstifte verwendet. Kräftige Farben eignen sich gut, zarte Töne lassen sich nicht effektvoll vermalen.
Beim Ausmalen des Stempelmotivs die einzelnen Flächen (Blüte, Blatt, etc.) in drei Farbstufen unterteilen: Vollton, Mittel und Weiß (Papierton).
Tragen Sie den Vollton in der dunkelsten Ecke des Motivs auf, etwa ein Viertel der Fläche sollte ausgemalt sein.
Nehmen Sie nun die Farbe mit einem feuchten Pinsel auf und kreieren Sie einen Farbverlauf vom dunklen Ton zum Weiß des Papiers. Wichtig ist, dass Sie etwa ein Viertel der jeweiligen Fläche weiß lassen und auch den dunklen Ton nicht ganz vermalen. Sollte doch einmal etwas schief gehen, können Sie aber auch noch den dunklen Ton nachmalen, bzw. mit einem feuchten sauberen Pinsel von den weißen Flächen Farbe wegnehmen.

STEMPELN UND MALEN

Embossing

Beim Embossing wird aus dem flachen Stempelabdruck ein deutlich fühlbares Relief. Dafür wird auf den feuchten Stempelabdruck – verwenden Sie unbedingt die langsam trocknende Pigment-Stempelfarbe oder spezielle Embossing-Stempelfarbe – feines Farbpulver gegeben und dieses mit einem Heißluftgerät oder über einem Bügeleisen, Toaster oder einer Herdplatte zum Schmelzen gebracht. Die Temperatur muss über 100 °C liegen, damit das Pulver schmilzt.

Schritt für Schritt erklärt

1 Stempeln
Zuerst einen schönen, kräftigen Stempelabdruck machen. Wenn Sie farbiges Embossingpulver wie im Beispiel verwenden, eignet sich für den Stempelabdruck transparente Stempelfarbe. Bei Verwendung von transparentem Embossingpulver kann auch eine farbige Pigment-Stempelfarbe verwendet werden.

2 Embossingpulver auftragen
Großzügig Embossingpulver über den Abdruck streuen, das ganze Motiv muss gut damit bedeckt sein.

3 Überschüssiges Pulver entfernen
Überschüssiges Embossingpulver zuerst auf ein in der Mitte gefaltetes Blatt geben und damit in das Döschen zurückfüllen. Dazu das Blatt einklappen, das Pulver rinnt nun zur Mitte, die Faltkante über das Döschen halten und das Pulver vorsichtig zurückgießen.

4 Embossen
Den Stempelabdruck so lange erhitzen, bis das Pulver geschmolzen ist, erkennbar am aufkommenden Glanz des Reliefs. Embossingpulver schmilzt bei ca. 100° C. Besonders praktisch ist ein Heißluftgerät aus dem Hobbyfachhandel (Geräte aus dem Baumarkt sind zu heiß). Das Gerät darf das Papier nicht berühren. Alternativ kann man die Karte auch über einen Toaster o. Ä. halten.

Tipps & Tricks

◆ Sollte einmal eine Karte daneben gehen, schauen Sie, ob nicht noch ein kleines Stück zu gebrauchen ist. Dieses auf ein etwas größeres Klebeband (Tacky Tape) setzen und auf Pergamentpapier oder eine Karte kleben. Nun den schmalen Rand mit einem Glaskügelchen-Rand verzieren. Das Werkstück auf eine Unterlage (z. B. Schale) legen und die Kügelchen aufstreuen.

◆ Damit die Verzierungen gut am Klebeband haften, das Papier umdrehen und fest eindrücken.

61

WORKSHOP

Tipps & Tricks

◆ Eine schnelle Idee für einen schönen Hintergrund ist das Aufspritzen von Farbe. Einige Kleckse und Spritzer geben der Karte einen handgemachten Touch. Die Zufälligkeit, mit der sich die Tropfen auf der Karte verteilen, betonen ihre Gestaltung und hält das Motiv zusammen.

◆ Für Amazing Glaze-Stempelreliefs eignen sich Chalk- oder Mica-Stempelfarbe zum Einfärben des Stempels.

Hinweise

◆ Arbeiten Sie keine zu großen Stempelreliefs. Das gleichmäßige Erhitzen ist dann sehr schwierig.

◆ Die einzelnen Schichten Embossingpulver halten nur dann aufeinander, wenn die geschmolzene Schicht noch heiß ist.

Stempelreliefs

„Amazing Glaze" ist ein sehr grobes Embossingpulver, mit dem sich siegelartige Kunststücke anfertigen lassen. Das Pulver wird dazu in mehreren Schichten auf hitzebeständiges, stark klebendes Klebeband aufgetragen und zwischendurch immer wieder erhitzt. Den Abschluss bilden eine Schicht farbiges Embossingpulver und der Stempelabdruck.

Schritt für Schritt erklärt

1 Amazing Glaze in Schichten auftragen

Alle benötigten Materialien zurechtlegen: Stempel, je einen Behälter o. Ä. mit Amazing Glaze und Embossingpulver, Klebeband. Den Stempel mit einer langsam trocknenden, für Plastik geeigneten Stempelfarbe einfärben.
In unserem Beispiel wird das Klebeband auf 5 cm x 5 cm zurechtgeschnitten. Von einer Seite das Schutzpapier lösen und sie in Amazing Glaze drücken.

2 Jede Schicht schmelzen

Das Amazing Glaze wird in drei Schichten aufgetragen und nach jeder Schicht geschmolzen. Arbeiten Sie zügig, so dass die geschmolzene Schicht nie abkühlt, bevor das Stück wieder in das Pulver gedrückt wird. Zum Schmelzen einen Stapel Schmierpapier unterlegen und das Werkstück erhitzen, bis das Pulver geschmolzen ist.

3 Zuletzt Embossingpulver auftragen

Die letzte Schicht – auch wieder direkt nach dem Schmelzen aufgetragen – bildet farbiges Embossingpulver. Auch diese Schicht wieder schmelzen.

4 Stempel eindrücken

In die heiße, weiche Masse den Stempel drücken. Durch die zuvor aufgetragene Stempelfarbe lässt er sich wieder gut ablösen. Nachdem das Amazing Glaze-Pulver weitestgehend abgekühlt ist (so dass Sie es anfassen können), die Schutzfolie vom Klebeband abziehen und das Relief aufkleben. Gut anreiben, damit das ganze Klebeband Kontakt zur Karte hat.

STEMPELN & MALEN

Maskiertechnik

Einige der schönsten Kartenideen leben vom Decken: Eine ganz einfache Anwendung ist es, den Rand einer Karte abzudecken, so dass er beim Stempeln nicht beschmutzt wird wie bei der dunklen Karte.
Genutzt wird die Schablonentechnik auch, um Tiefe im gestempelten Bild zu erzeugen. Die Grundregel hierbei lautet: was vorne erscheinen soll, muss zuerst gestempelt und dann abgedeckt werden.
Wählen Sie zum Schablonieren ein Motiv mit einem einfachen Umriss. Es erspart Arbeit und sieht am Ende besser aus. Für die Schablonen eignet sich dünnes, schwach selbstklebendes Papier (erhältlich im Stempelbedarf) besonders gut, da es nicht verrutschen kann.

Tipps & Tricks

◆ Für passepartoutartige Ränder wird die Karte in gleichmäßigem Abstand zu allen Seiten abgeklebt. Dann kann der Hintergrund für eine zarte Farbgestaltung mit einem Stupfpinsel betupft werden. Sie können dafür eine Farbe oder mehrere harmonierende Töne verwenden.
Dabei beginnen Sie mit dem hellsten Ton und tupfen nach Belieben viele farbige Flächen auf den Untergrund. Anschließend kann die Karte mit einem Stempel weiter verziert werden.

◆ Nach dem Abnehmen des Schablonenpapiers ist der Rand völlig unbeschmutzt und die Verzierung hat einen schönen gleichmäßigen Abschluss.

Schritt für Schritt erklärt

1 Vordergrund stempeln
Stempeln Sie das Motiv, das im Vordergrund stehen soll, auf die Karte – hier sind es drei Ginkgoblätter. Ohne erneut Farbe aufzunehmen, den Stempel auf das Schablonenpapier drücken und das Motiv daraus ausschneiden. Legen Sie mehrere Schichten Schablonenpapier übereinander, so erhalten Sie mit einem Mal Schneiden drei bis vier Schablonen. Damit die aufgestempelten Blätter abdecken.

2 Motive im Hintergrund stempeln
Nun versetzt zu den ersten Motiven stempeln. Für weitere Schichten können auch auf diese neuen Abdrucke Schablonen gelegt und dann weitere Blätter – immer etwas versetzt – aufgedrückt werden. Auf diese Weise können Sie einen ganzen Engelschor, einen Wald oder ein Blütenmeer stempeln.

3 Kolorieren
Die Motive mit Faserstift ausmalen. Sie sehen nun, dass die zuerst gestempelten Blätter sich in den Vordergrund drängen, da sie vollständig erscheinen, und die zuletzt gestempelten, von denen nur ein kleiner Ausschnitt zu sehen ist, zurückweichen.

63

WORKSHOP

Tipps & Tricks

◆ Damit Schablonen nicht verloren gehen, können Sie auf dem Stempel aufbewahrt werden.

◆ Schrumpfplastik schrumpft nicht immer gleichmäßig – aber der Effekt kann auch ganz witzig aussehen!

◆ Kurz nach dem Erhitzen ist das Schrumpfplastik weich, jetzt kann man auch einen Stempel hineindrücken und erhält ein hübsches Relief. Dieses kann mit einer Mischung aus Stempeltusche und 3D-Kleber bemalt werden.

◆ Schrumpfplastik lässt sich nach dem Schrumpfen auch embossen.

◆ Löcher in Schrumpffolie kann man vor dem Schrumpfen mit einem Bürolocher in das Motiv stanzen – nach dem Erhitzen ist dann auch dieses Loch erheblich geschrumpft!

Arbeiten mit mehreren Stempeln

Die Grundlage ist auch hier die Maskiertechnik. Die Geisha wird zuerst auf die Karte gestempelt und anschließend der Rand abgeklebt. Hier wird dafür gerissenes Schablonenpapier verwendet, um statt eines geraden Abschlusses einen unregelmäßigen zu erhalten.

Das Motiv auf die Karte stempeln und eine Schablone darauf setzen. Dann den Rand der Karte mit Schablonenpapier abkleben. Nun den Hintergrund gestalten, hier werden mit einem Stupfpinsel Orange- und Grüntöne aufgetragen (siehe Tipp Seite 63). Als nächstes mit einem großen Schriftstempel und orangefarbener Stempelfarbe einen ersten Stempelabdruck auf der Fläche machen. Nach dem Trocknen der Farbe mit schmalen Mäanderstempeln noch zwei Streifenmuster aufdrücken.
Wenn die Gestaltung gefällt, die Schablonen wieder abnehmen.

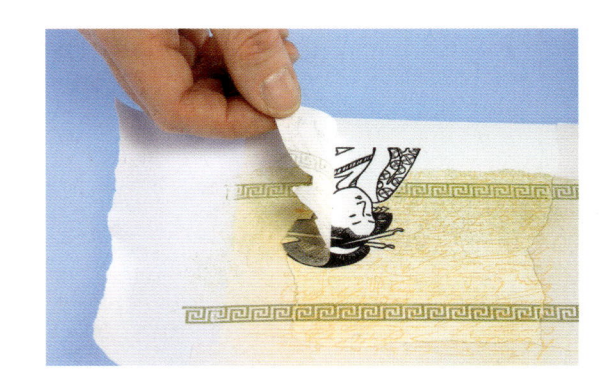

Schrumpfplastik

Schrumpfplastik ist ein überraschendes Material. Unter großer Hitze schrumpft die Folie um bis zu 60 Prozent – beide hier abgebildeten Ginkgoblätter waren einmal gleich groß!

Das Motiv mit Chalk-, Mica- oder Tuschefarbe stempeln und den Hintergrund zart mit einem Stupfpinsel gestalten. Dann das Motiv ausschneiden und mit einem Heißluftgerät auf einem Stapel Schmierpapier erhitzen, bis es geschrumpft ist. Ein Blatt Backpapier ist sehr nützlich, da das Schrumpfplastik andernfalls kleben bleibt. Es ist wichtig, das Motiv dabei gut festzuhalten (z. B. mit einer Schere), da es sonst zum einen weggeblasen, zum anderen in sich verkleben könnte. Die Plastik biegt sich beim Erhitzen sehr stark – am Ende wird sie aber wieder glatt. Wahlweise kann das Schrumpfen auch im Backofen bei 150° C erfolgen.

Malen mit KONTURCOLOR

Das Malen mit KonturColor gelingt ganz einfach: Die Abgrenzung der Farbflächen durch den Konturen-Liner, die so genannte Maskiertechnik, erleichtert das Ausmalen und ermöglicht sofortige Erfolgserlebnisse. Die konturierten Flächen werden nacheinander mit den gewünschten Farben, z. B. Shadowpaint, Art Acryl Aqua Farben oder normaler Aquarellfarbe (auch feste) ausgemalt. Besonders tolle Effekte entstehen auf Aquarellpapier, das es in verschiedenen Qualitäten, unterschiedlichen Stärken und mit verschieden strukturierten Oberflächen gibt. Nach dem Malen wird der Liner einfach abgerubbelt. Die Technik ist auch unter dem Namen „Shadowpainting" bekannt.

Schritt für Schritt erklärt

1 Konturen nachzeichnen
Die Konturen nachzeichnen, dazu entweder die Vorlage mit Bleistift übertragen (wird am Ende wieder wegradiert) oder Vorlage und Papier auf einen Leuchttisch legen. Den Konturen-Liner beim Zeichnen etwas schräg halten. Für feine Linien eine Metallspitze (0,5 mm, aus dem Bastelladen) aufsetzen. Die Konturen ca. 25 Minuten trocknen lassen, Eilige legen das Papier auf eine Heizung.

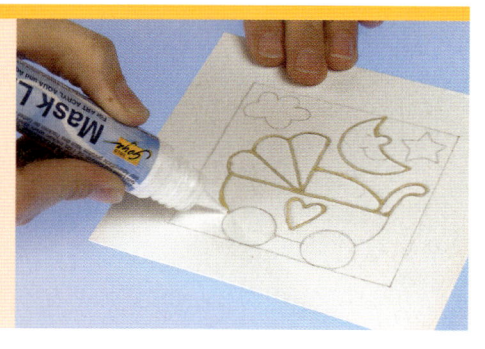

2 Ausmalen
Die Motive ausmalen. Für Schattierungen zwei Farben nebeneinander setzen und mit einem feuchten Pinsel nass in nass vermalen. Bei anderen Flächen nur am Rand eine Farbe auftragen und sie mit einem feuchten, sauberen Pinsel in der Fläche vermalen. Wenn bestimmte Farbflächen intensiv und deckend sein sollen, die Farben einfach auftragen, trocknen lassen und wieder auftragen.

3 Konturenmittel entfernen
Nach dem Trocknen der Farbe die Konturen durch Abziehen oder Abrubbeln entfernen. Wichtig ist, dass die Farbe wirklich vollständig getrocknet ist, sonst kann es vorkommen, dass beim Entfernen des Konturenliners Farbe verschmiert. Wenn Sie die Vorlagen mit Bleistift übertragen haben, nun die Linien mit einem weichen Radiergummi entfernen.

Tipps & Tricks

◆ Wer einen Leuchtkasten hat, kann die Vorlage auch darauf legen, die Karte darüber positionieren und die Umrisse mit dem Konturenstift nachzeichnen. Wahlweise kann die Arbeit auch an die Fensterscheibe gehalten werden.

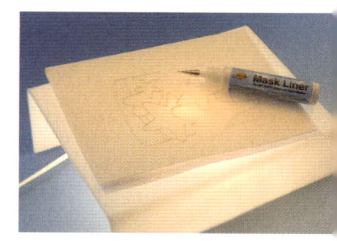

◆ Zum Mischen oder Verdünnen von Farben können Sie diese in einen Kronkorken geben.

◆ Die Karte nach dem Trocknen des Konturenmittels zeitnah weiter gestalten. Trocknet das Mittel zu lange, lässt es sich schlecht wieder ablösen.

◆ Zum Ausmalen des Kinderwagens benötigen Sie Farbe in Hell- und Dunkelblau, Türkis, Lila, Pink, Hellgrün, Grün, Schwarz, Rot und Gelb. Die kleinen Motive ausschneiden und unterhalb des Wagens ankleben. Die schwarzen Gesichtszüge und Radmitten werden mit Fineliner aufgezeichnet.

Blumen

Die Blume, die Vase und die Blätter auf einem separaten Stück Papier malen, die Ranken direkt auf die Karte malen. Dabei die Anleitung auf Seite 65 beachten. Die Einzelteile der Blumenvase mit etwas Abstand zueinander auf den Prägekarton kleben und diesen auf die Karte setzen.

Tipps & Tricks

- Mit Blüte und Blättern kann auch ein Geschenkanhänger verziert werden. Schön sieht es aus, wenn Sie die Blütenblätter vor dem Aufkleben etwas wölben.

MATERIAL
- Doppelkarte in Creme, 13 cm x 13 cm, und Rest
- Prägekarton mit Blumenranken in Creme, 9,5 cm x 13 cm
- Art Acryl Aqua in Grün, Blau, Rot und Gelb

VORLAGE
Seite 133

IDEENINSEL

MATERIAL
- quadratische Doppelkarte in Elfenbein, 15 cm x 15 cm
- Stempel: Blume, ca. 3 cm hoch, und Schriftzug „Happy Birthday", ca. 7 cm lang
- Embossing-Stempelfarbe in Transparent
- Embossingpulver in Gold
- Faserschreiber in Chromgelb und Grüngelb

Happy Birthday!

Die Blüten mit Faserschreiber einfärben und in einer Linie wie auf Seite 60 beschrieben auf die Karte stempeln. Den Schriftzug mit transparenter Stempelfarbe aufbringen und embossen (siehe Seite 61).

Urlaubsgrüße

Die Karte wie auf Seite 60 beschrieben stempeln und in der Aquarelltechnik gestalten.

MATERIAL
- quadratische Doppelkarte in Elfenbein, 15 cm x 15 cm
- Stempel: Bäumchen, ca. 12 cm breit
- Tuschestempelfarbe in Schwarz
- Faserschreiber in Holzrot, Weinrot, Rotbraun, Dunkelocker, Jägergrün und Sand
- Füllerpinsel oder feiner Aquarellpinsel, Größe 6

STEMPELN & MALEN

MATERIAL
- Stempel: Gingko-Blatt, 6 cm hoch
- Chalk-Stempelfarbe in hellem Olivgrün und Kadmiumgelb
- Faserschreiber in Sand, Sellerie und hellem Olivgrün
- Schrumpffolienrest in Weiß
- Permanentmarker in Gold
- 3D-Klebstoff

Gingko

Die Karte wie auf Seite 63 beschrieben in der Maskiertechnik anfertigen. Ein Ginkgoblatt wie auf Seite 64 beschrieben aus Schrumpffolie arbeiten. Mit einem Goldstift den Rand bemalen (dieser ist sonst weiß) und das Blatt mit 3D-Kleber auf der Karte fixieren. Damit es schön glänzt, noch etwas 3D-Klebstoff auf die Oberfläche geben. Alles gut trocknen lassen.

ANLÄSSE
UND FEST-
LICHKEITEN

FÜR VIELE
GELEGEN-
HEITEN

IDEEN
DURCHS
JAHR

IDEENPOOL

Immer die passende Idee

Im Ideenpool, dem großen Anwendungsteil des Buches, erwarten Sie über 80 Karten für verschiedene Anlässe: zu Festen wie Geburtstagen und Hochzeiten ebenso wie für die Jahreszeiten oder einfach als kleine Aufmerksamkeit zwischendurch. Dabei stellen wir Ihnen Ideen in den verschiedensten Techniken und Stilen vor: gestempelt, geprägt, gemalt, geklebt, fröhlich bunt oder ganz edel ... hier ist für jeden das Passende dabei!
Das gebotene Spektrum reicht von ganz einfachen und schnellen Karten bis hin zu kunstvollen Stücken, die gerahmt auch einen schönen Wandschmuck ergeben.

Mit praktischen Einkaufslisten

Zu jeder Karte gehört eine Liste der benötigten Materialien. Da ist alles aufgeführt, was Sie zum Anfertigen der Karte benötigen, eine Ausnahme bilden nur die im Workshop abgebildeten Grundausstattungen. Manches lässt sich leichter mit einer Vorlage nacharbeiten – in den Materiallisten erfahren Sie, auf welcher Seite im Anhang Sie diese finden.

Tipps & Tricks für gutes Gelingen

Wie bereits im Workshop finden Sie auch im Ideenpool wieder zahlreiche Tipps & Tricks. Das können Kniffe zum einfacheren Nacharbeiten, eine Pannenhilfe oder eine Idee für eine schnelle Variante und mehr sein. Bei vielen Karten finden Sie auch Schritt- und Detailaufnahmen, die Ihnen das Nacharbeiten vereinfachen.

Hinweise

◆ Zum Nacharbeiten der Modelle werden die im Workshop erlernten Kenntnisse vorausgesetzt und nicht mehr ausführlich beschrieben. Dank eines Verweises auf die entsprechende Workshopseite können Sie die Technik aber schnell nachlesen, wenn Sie einmal etwas vergessen haben.

◆ In den Materiallisten werden die im Workshop als Grundausstattung genannten Werkzeuge und Materialien nicht mehr aufgeführt.

Die Modelle im Ideenpool sind in folgende Schwierigkeitsgrade unterteilt:
◯ einfach
◯◯ etwas schwieriger
◯◯◯ anspruchsvoll

ANLÄSSE UND FESTLICHKEITEN

ANLÄSSE UND FESTLICHKEITEN

SCHMUCKSTÜCK

1 Die Verzierung wird mit Schrumpffolie angefertigt, dafür die Anleitung auf Seite 64 beachten.

2 Aus schwarzer Schrumpffolie ein Quadrat, 12 cm x 12 cm, ausschneiden. Den Rand leicht gewellt schneiden. Am unteren Rand mit einer Lochzange drei Löcher stanzen. Die Folie schrumpfen und auskühlen lassen.

3 Um den Rand der schwarzen Folie herum mit dem silbernen Stift Punkte setzen und mit dem Finger leicht verwischen. Kurz und vorsichtig mit dem Heißluftgerät trocknen und auskühlen lassen. Dann die Fläche dünn mit 3D-Kleber bestreichen und etwas Streuglitzer darüber geben. Gut trocknen lassen.

4 Aus weißer Schrumpffolie ein Quadrat, ca. 8 cm x 8 cm, schneiden, der Rand ist leicht gewellt. Die Folie schrumpfen und mit dem Blumenstempel und schwarzer Tinte in das warme Plastik stempeln. Mit dem Heißluftgerät trocknen und auskühlen lassen.

5 Die weiße Folie mit 3D-Kleber bestreichen und in die Blütenform Streuglitzer streuen. In die Blütenmitte eine Spiralperle setzen. Gut trocknen lassen.

6 Mit dem großen Blumenmotivlocher zwei schwarze und eine weiße Blume ausstanzen. In der Mitte mit der Lochzange jeweils ein Loch stanzen. Die Blumen schrumpfen.

7 Nun mithilfe zweier Schmuckzangen die Biegeösen am schwarzen Viereck anbringen (siehe Tipp). Anschließend die Perlenschnüre anhängen. Dafür ein Drahtende durch die Biegeöse ziehen und das Ende nach unten umknicken. Eine Quetschperle über beide Drahtstücke ziehen. Mit einer Schmuckzange zusammendrücken, so wird der Drahtstrang fixiert.

8 Laut Abbildung die Perlen aufziehen. Zum Anbringen der Blüten den Draht von hinten durch das Loch in der Blütenmitte fädeln, eine Wachsperle aufziehen und den Draht wieder durch die Blüte zurück nach unten führen. Zum Fixieren der untersten Perle den Draht noch einmal durch diese hindurch ziehen. Dann das Drahtende um eine Stopfnadel winden, so entsteht die feine Drahtlocke.

9 Die beiden Quadrate mit 3D-Kleber bestreichen. Zuerst das schwarze Viereck auf die Karte setzen, ca. 4 cm vom oberen Rand und 4,5 cm von den seitlichen Rändern entfernt. Auf dieses das weiße Quadrat kleben. Die Karte liegend trocknen lassen.

SCHWIERIGKEITS-GRAD
◯◯◯

MATERIAL
- Doppelkarte in Weiß, 14,8 cm x 21 cm
- Deckblatt, 14 cm x 20 cm
- Schrumpffolienreste in Weiß und Schwarz
- Stempel: Blume, ø 5 cm
- Tusche-Stempelfarbe in Schwarz
- dünner Draht in Silber
- 3 Biegeringe in Silber, ø 4 mm
- 3 Quetschperlen in Silber, ø 2 mm
- 6 Perlen in Kristall, ø 6 mm
- 5 Wachsperlen in Weiß, ø 4 mm
- 4 Spiral-Perlen in Schwarz-Silber, ø 1 cm
- Motivlocher: Blüte, ø 3,5 cm
- Permanentstift in Silber
- Streuglitzer
- 3-D Kleber
- Lochzange
- Schmuckzangen
- Stopfnadel

Tipps & Tricks

◆ Zum Aufbiegen einer Öse diese mit zwei Zangen greifen und die Seiten nach vorne und hinten biegen (nicht auseinander ziehen). So bleibt die runde Form der Öse erhalten. Beim Schließen ebenso verfahren.

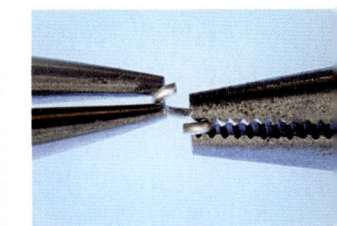

IDEENPOOL

ZUR HOCHZEIT

Tipps & Tricks

◆ Besitzen Sie keine vorgefertigten Zahlen, können Sie diese auch aus Schrumpffolie herstellen (siehe Seite 64). Die Vorlage auf Karopapier zeichnen oder einen Computerausdruck verwenden. Dann die Zahlen auf transparente Schrumpffolie übertragen, ausschneiden und schrumpfen.

◆ Durch das Ändern der Farbigkeit und Zahlen können Sie jede Karte beliebig für eine andere Hochzeit abwandeln.

SCHWIERIGKEITSGRAD
◐

MATERIAL
GRÜNE HOCHZEIT
- Prägekarton in Zartgrün, 22,6 cm x 18 cm, und Rest in Weiß
- Künstlerkartonrest in Grün
- Wachsperlen in Weiß, 4 mm
- dünner Silberdraht, ca. 1 m lang
- Motivlocher: Blüte, ø 1,5 cm
- Chiffonband in Grün, 2,5 cm und 4 cm breit, je 22 cm lang

SILBERHOCHZEIT
- matter Tonkarton in Silber, 22,6 cm x 18 cm
- Künstlerkartonreste in Weiß und Silber glänzend und matt
- Dekotüll in Weiß gepunktet, 9 cm x 9 cm
- Minigirlande, 20 cm lang
- Perlen in Silber und Wachsperlen in Weiß, 4 mm
- Klebezahl in Silber: 25
- dünner Silberdraht

GOLDENE HOCHZEIT
- Doppelkarte in Creme, 14,8 cm x 10,5 cm
- Motivlocher: Blume, ø 1,5 cm, 2,5 cm und 3,5 cm
- Wachs-Halbperle in Weiß
- Klebezahl aus Plastik in Gold: 50
- Künstlerkartonreste in Gold und Creme
- Schimmerkarton in Irisierend
- Seidenpapierrest in Creme

VORLAGE
Seite 133

Grüne Hochzeit

1 Den Prägekarton zur Doppelkarte falten (siehe Seite 10). Die Bänder in der Mitte platzieren und auf der Rückseite festkleben.

2 Das Herz aus Prägekarton schneiden und auf ein etwas größeres grünes Stück Karton kleben. Mit einem Rand von ca. 2 mm ausschneiden. Eine Perle auf Draht fädeln und diesen verdrehen, so dass ein Perlenzweig entsteht. So in unterschiedlich großen Abständen fortfahren, bis die Perlen (bis auf zwei) verarbeitet sind. Die Perlenranken mit etwas Heißkleber auf die Karte kleben und das Herz aufsetzen.

3 Zwei Blüten ausstanzen und mit Perlen als Blütenmitte aufkleben.

Silberhochzeit

1 Den matten Silberkarton zur Doppelkarte falten (siehe Seite 10). Den weißen Karton mithilfe von Sprühkleber mit Dekotüll bekleben. Nach dem Trocknen laut Vorlage das geschwungene Quadrat ausschneiden, auf silbernen Glanzkarton kleben und mit einem Rand von ca. 2 mm ausschneiden. Das Quadrat mit Klebepads aufsetzen.

2 Die Girlande aufkleben und ausgestanzte Blüten mit Perlenmitte fixieren. Dafür ein Loch in die Blüte einstechen, die Perle mittig auf ein Drahtstück fädeln und die Drahtenden durch das Loch ziehen. Auf der Rückseite auseinanderbiegen und festkleben.

3 Unten an den Kranz zwei Herzen hängen: Perlen auf Draht ziehen, diesen dazwischen locken, im Kranz einhängen und die Herzen ans Ende kleben.

Goldene Hochzeit

1 Die Karte falten und mit einem ausgerissen Streifen Seidenpapier, ca. 5 cm breit, bekleben. Darüber zwei Streifen setzen: 1,5 cm und 7 mm breit. Alles am Kartenrand bündig abschneiden.

2 Rechts das doppelte Quadrat aufkleben, 3,6 cm und 3 cm groß, und die Zahl aufsetzen.

3 Für die Blume jeweils zwei Blüten in einer Größe ausstanzen und alles versetzt aufeinander kleben. Als Blütenmitte die Wachshalbperle anbringen.

ANLÄSSE UND FESTLICHKEITEN

IDEENPOOL

BLÄTTER

Tipps & Tricks

◆ Zum Bestempeln der Schrumpffolie benötigen Sie Chalk-Stempelfarbe. Pigmentstempelfarbe trocknet nicht auf dem Kunststoff.

◆ Diese Karten können Sie mit den unterschiedlichsten Schrift- und Motivstempeln umsetzen und so individuelle Einzelstücke passend zum jeweiligen Anlass anfertigen.

◆ Stimmen Sie die Farbigkeit der Karten nach Belieben ab, für eine edle Gesamtwirkung sollten Sie aber mit tonigen Farben arbeiten.

SCHWIERIGKEITS-GRAD
◐◐

MATERIAL PRO KARTE
- Doppelkarte in Elfenbein, 15 cm x 15 cm
- Stempel: Blatt, ca. 8 cm lang und Tillståndsresolution, ca. 7 cm breit
- Chalk-Stempelfarbe in Bernstein
- Embossing-Stempelfarbe in Transparent
- Embossingpulver in Gold

ZUSÄTZLICH KLEINES QUADRAT MIT BLATT
- Transparentpapierrest in Creme
- Glanzpapierrest
- Permanentmarker in Gold

ZUSÄTZLICH QUADRAT MIT HERZ
- Drahtschmuckherz in Gold, 2,5 cm hoch
- Transparentpapierrest in Gold
- Minikügelchen in Gold
- Schrumpffolie in Weiß
- starkes doppelseitiges Klebeband
- Permanentmarker in Gold
- 3D-Kleber

Großes Quadrat

1 Den Rand der Karte mit Schablonenpapier abkleben und den Hintergrund mit einem Stupfpinsel gestalten (siehe Seite 63, Tipps und Tricks). Dann das Blattmotiv mehrmals mit Chalkfarbe stempeln und den Schriftzug darüber setzen.

2 Mit Embossingfarbe ein weiteres Blatt stempeln und embossen (siehe Seite 61).

3 Das Schablonenpapier entfernen.

Kleines Quadrat mit Blatt

1 Das Glanzpapier mit Chalkstempelfarbe und einem Schriftstempel gestalten (siehe Tipp Seite 90). Dann mit Embossing-Stempelfarbe das Blatt aufstempeln und embossen (siehe Seite 61).

2 Das Glanzpapier auf ca. 3,5 cm x 4 cm zuschneiden und mit dem Goldstift um den Rand herum fahren (den Stift seitlich ansetzen und an der Kante entlang ziehen). Das Papier auf Transparentpapier kleben und mit einem ca. 6 mm breiten Rand ausschneiden (siehe Seite 24).

3 Auf die Karte das Blatt stempeln und es embossen. Die Verzierung aufsetzen, dabei beachten, dass das Blattmotiv fortgeführt wird.

Quadrat mit Herz

1 Die Schrumpffolie, 10 cm x 13 cm, mit Chalk-Stempelfarbe bestempeln und mit einem Heißluftgerät aus dem Bastelfachhandel oder im Backofen schrumpfen (siehe Seite 64). Den Rand mit Goldstift umfahren und die Verzierung mit 3D-Kleber einstreichen. Das Drahtherz aufsetzen und den Lack trocknen lassen.

2 Die Schrumpffolie auf ein etwas größeres Stück starkes doppelseitiges Klebeband setzen und mit Minikügelchen bestreuen (siehe Seite 61, Tipp).

3 Die Verzierung mit einem etwas größeren Transparentpapierrahmen versehen und sie auf die Karte kleben.

ANLÄSSE UND FESTLICHKEITEN

75

IDEENPOOL

HOCHZEITS-ERINNERUNGEN

Hinweis

◆ Die Einladungskarte auf dem großen Foto wird aus Fotokarton, Pack- und Naturpapier sowie Wellpapperesten gearbeitet. Stempel und Herz-Motivstanzer erhalten Sie im Bastelladen. Die großen Herzen werden mit Abstandspads aufgesetzt. Die einzelnen Quadrate sind ca. 2,5 cm groß.

SCHWIERIGKEITSGRAD
◐◐

MATERIAL
GOLDENE HOCHZEIT
◆ 3 Doppelkarten in Elfenbein, 13,5 cm x 13,5
◆ wasserlösliche Stempelfarbe in Braun
◆ diverse Sticker: Hochzeit
◆ Scrapbookpapierreste mit Schriftzügen in Braun und Gold
◆ Transparentpapierrest in Beige
◆ Fotos
◆ Chiffonband in Beige, 2,5 cm breit, 80 cm lang
◆ Spitzenband, 1,5 cm breit, 25 cm lang

GRÜNE HOCHZEIT
◆ 3 Bierdeckel (Untersetzer), ø 10,5 cm
◆ Cardstockpapier in Mintgrün und Hellgrün, 30,5 cm x 30,5 cm
◆ Scrapbookpapierrest in Hellgrün kariert
◆ Fotos
◆ Transparentpapierrest gemustert in Hellgrün
◆ Chiffonband in Weiß, 4 cm breit, 1,30 m lang
◆ Fransenband in Elfenbein
◆ diverse 3D-Sticker und Metallsticker
◆ Eckenstanzer, Zierrandschere
◆ Borstenpinsel und Acrylfarbe in Weiß
◆ Stempelfarbe in Grün

Goldene Hochzeit

1 Von zwei Karten ca. 11 cm abschneiden. Danach die Karten im Knitterlook wie auf Seite 52 beschrieben gestalten und an eine Doppelkarte an jede Seite eine der zugeschnittenen Karten kleben. Aus den Reststücken vier Quadrate, 2,5 cm, und zwei Rechtecke, 7,5 x 4 cm, schneiden (nach Belieben mit der Zierrandschere). Alle Ränder mit Stempelfarbe betuschen.

2 Die Fotos mit Zierrandschere zuschneiden und auf Scrapbookpapierreste kleben. Diese mit dem gewünschten Rahmen zuschneiden (siehe Seite 24). Die Spitzenschleife vor dem Aufkleben des Bildes umbinden. Die Karte mit Stickern verzieren, nach Belieben Transparentpapierrahmen darum herum setzen (siehe Seite 78). Den Einladungstext auf ein ca. 9 cm x 11,5 cm großes, mit einer Zierrandschere zugeschnittenes Papierstück schreiben.

3 Das Chiffonband auf Vorder- und Rückseite kleben und mit den gestalteten Rechtecken überkleben.

Grüne Hochzeit

1 Mit einem nicht zu weichen Borstenpinsel etwas Farbe aufnehmen, die meiste Farbe auf einem Schmierblatt abstreichen und dann in verschiedene Richtungen über das mintgrüne Papier streichen. Anschließend sechs Kreise, ø 10,5 cm, zuschneiden.

2 Die Bierdeckel mit Chiffonband verbinden: Nummer eins bis drei mit einem jeweils ca. 6 cm langem Stück. Der Abstand zwischen den Bierdeckeln beträgt ca. 1 cm. Am dritten Kreis zusätzlich ca. 50 cm Band unten raushängen lassen. Ein zweites 50 cm langes Stück auf die Rückseite des ersten Deckels kleben. Mit diesen Bändern wird das Leporello zusammengebunden. Nun die Deckel beidseitig mit mintgrünen Kreisen bekleben.

3 Die einzelnen Kreise laut Abbildung verzieren, dabei auch Vorder- und Rückseite nicht vergessen. Dabei kann aus Transparentpapier, ca. 6 cm x 8 cm, ein Rahmen für Ziersticker gefertigt (siehe Tipp Seite 78) oder Fotos mit einem etwas größeren Stück Papier unterlegt und mit Fransenband und Blüten verziert werden. Sehr dekorativ sind auch mit einer Zierrandschere zugeschnittene Papiere oder mit einer Stanze abgerundete Ecken. Ein Halbkreis kann auch als Tasche aufgeklebt werden. Dafür nur an den Rändern Klebstoff auftragen und einen Anhänger hineinstecken.

ANLÄSSE UND FESTLICHKEITEN

IDEENPOOL

ZUR GEBURT

Tipps & Tricks

◆ Wenn Sie kein gestreiftes Papier für die Karte „Babyfüßchen" haben, können Sie auch weißes Papier mit Bunt- oder Filzstift bemalen.

◆ Vor dem Einreißen das Papier kreuzförmig einschneiden. Dann in unterschiedlich starken Streifen zu den Rändern hin reißen und nach Belieben kürzen.

Hinweis

◆ Beachten Sie für die Außengestaltung des Leporellos die Abbildung auf der Titelseite des Buches!

SCHWIERIGKEITSGRAD
◐◐

MATERIAL LEPORELLO
- 3 Karten mit quadratischen Ausschnitten in Rosa, 10,5 cm x 14,8 cm
- kleine Anhänger (Fachhandel)
- Transparentpapierrest in Weiß gemustert
- Scrapbookpapierrest in Pink
- Laserstanzteile: Baby, Blüten und Buchstaben
- Fotos
- Wollreste

DANKE
- Scrapbookpapier in Orange gemustert, A4
- Kartonrest in Orange
- Stempelfarbe in Orange und Schwarz
- Stempel: Danke
- 2 Eyelets in Gold
- Foto
- Fransenbandrest in Orange, 20 cm lang

BABYFÜSSCHEN
- Doppelkarte in Elfenbein, 10,5 cm x 15 cm
- Kartonrest in Weiß gestreift und Creme
- Schleifenband in Gelb-Weiß kariert, 25 cm lang
- Foto
- Pergamentpapier in Gelb
- Nähgarn und Herzknopf in Gelb
- 4 Brads (Musterklammern) in Gelb
- Lackmalstift in Weiß

Leporello

1 Von zwei Karten ca. 7,5 cm von der Vorderseite abschneiden. Dann die Karten zu einem Leporello zusammenkleben: Auf die rechte Innenseite der ungeschnittenen Karte einen Streifen pinkfarbiges Scrapbookpapier, 4,5 cm x 15 cm, kleben und die erste zurechtgeschnittene Karte aufsetzen. Die zweite von hinten an diese kleben.

2 Auf die linke Seite des Leporellos Scrapbookpapier und die abgeschnittenen Quadrate von einer Karte – die Fotos vorher dahinter fixieren – kleben. Auf eine Seite Transparentpapier (10 cm x 5,5 cm) als Tasche aufkleben, dafür dieses nur an drei Rändern mit schmalem doppelseitigem Klebefilm befestigen.

3 Die restlichen Fotos aufkleben: hinter Ausschnitte der zerschnittenen Karte oder auf Papierreste kleben und jeweils mit einem schmalen Rand ausschneiden (siehe Seite 24). Dann mit Abstandspads aufsetzen. Die Anhänger verzieren: Wollreste einknüpfen und Stanzteile aufkleben. Die Karte mit Stanzteilen oder Stickern und Papierstreifen schmücken.

Danke

1 Zwei Streifen zuschneiden: 19,5 cm x 10 cm und 9,8 cm x 9 cm. Den längeren bei 1,5 cm und 10 cm zur Karte falten. In das rechte Stück mit dem Cutter ein Kreuz schneiden und entsprechend der Fotogröße vorsichtig auf- und dann abreissen. Den gerissenen Rand mit Stempelfarbe betuschen. Das Foto hinter den Ausschnitt kleben und die Innenseite der Karte mit dem kleineren Scrapbookstück überkleben.

2 Die linke Seite der Karte umknicken und mit Ösen zusammenfügen. Jetzt kann die Karte zusammengesteckt werden. Den Kreis mit Danke bestempeln und mit dem Band an den Eyelets festbinden.

Babyfüßchen

1 Das gestreifte Papier (5 cm breit) in der Mitte der Karte aufkleben. Ein Quadrat, 6 cm x 6 cm, aus cremefarbenem Papier schneiden und auf die Karte kleben. Das Foto rund zuschneiden, ø 4 cm, und mit säurefreiem Klebstoff oder Foto-Stickern aufkleben.

2 Das Pergamentpapier mit einem Lackmalstift beschriften und Pünktchen aufmalen. Dann mit Brads (Musterklammern) unterhalb des Quadrats festmachen. Eine Schleife binden und aufkleben. Darauf den Knopf setzen, in dem vorher der Faden vernäht wurde.

ANLÄSSE UND FESTLICHKEITEN

IDEENPOOL

ROMANTIK PUR

Tipps & Tricks

◆ Quillingschriften sind eine hübsche Idee für viele Anlässe.

Hinweis

◆ Beachten Sie die Grundanleitung zum Quilling auf Seite 36/37.

SCHWIERIGKEITS-GRAD
◉◉◉

MATERIAL HOCHZEIT
- Tonkarton in Elfenbein, 20 cm x 43,8 cm
- Tonpapier in Flieder, 20 cm x 14,6 cm und 20 cm x 7,3 cm
- Tonkarton in Hellgrün, 10 cm x 5 cm
- Tonpapierstreifen in 27 x Hellgrün, 10 x Flieder und 20 x Elfenbein, 3 mm breit, 16 cm lang
- 10 Wachsperlen in Weiß, ø 2 mm
- Rest Silberdraht, ø 0,5 mm

MOHNBLUMEN
- Tonkarton in Elfenbein, 29 cm x 14,5 cm
- Tonkartonreste in Rot, Grün und Elfenbein
- Tonpapierstreifen in 30 x Rot, 19 x Grün und 2 x Elfenbein, 3 mm breit, 16 cm lang
- Tonpapierstreifen in Schwarz, 1,5 cm breit, 5 cm lang

Hochzeit

1 Zunächst die Außenkanten der Karte von beiden Seiten je 14,6 cm nach innen und anschließend die Hälfte (nach 7,3 cm) wieder nach außen knicken. Die rechte geknickte Hälfte von der inneren Seite mit fiederfarbenen Tonpapier bekleben (20 cm x 14,6 cm) und von der Kartenmitte die linke innere Hälfte ebenfalls mit Flieder bekleben (20 cm x 7,3 cm).

2 Nun die Buchstaben fertigen. Diese bestehen aus je einem grünen Tonpapierstreifen. Alle Buchstaben sind ca. 3 cm hoch. Die Zwischenstücke der Buchstaben „H" und „E" sind aus halben Streifen gequillt.

3 Für die Blüten je einen halben Streifen Tonpapier in Flieder bzw. Elfenbein quillen und auf 3 mm aufspringen lassen.

4 Die Blätter bestehen ebenfalls aus halben Streifen (auf 5 mm aufspringen lassen). Die Blätter des Buchstaben „I" sind aus je einem Streifen (auf 1,3 cm aufspringen lassen) gequillt.

5 Den grünen bzw. fliederfarbenen Streifen laut Abbildung anbringen und die Buchstaben aufkleben. Nun den grünen Tonkarton (10 cm x 5 cm) auf die obere Hälfte der Karte kleben, ebenso das fliederfarbene Tonpapier (8,5 cm x 3,5 cm). Dieses mit der Reliefschere zuschneiden.

6 Für jede Herzhälfte je drei Streifen Tonpapier zusammenkleben und auf 2 cm aufspringen lassen. Die Herzhälften formen und auf der Karte anbringen. Je 2,5 cm Silberdraht am Ende umbiegen, die Perlen aufziehen und unter den Herzen mit Alleskleber befestigen.

Mohnblume

1 Die Karte knicken und die Quadrate für den Hintergrund schneiden: in Rot 12 cm, in Grün 11 cm und in Elfenbein 10 cm groß. In dieser Reihenfolge die Quadrate mittig auf der Vorderseite der Karte anbringen. Den Kartenrand mit schmalen roten und grünen Streifen verzieren.

2 Die Einzelteile quillen. Für die äußeren Blütenblätter der Mohnblume 5 x je 3 Streifen aneinander kleben, quillen, auf 2 cm aufspringen lassen und zu einem Dreieck formen. Die inneren Blütenblätter bestehen aus je zwei Streifen. Auf 1,5 cm aufspringen lassen und formen. Für die Blütenmitte die elfenbeinfarbenen Streifen teilen und je einen halben Streifen quillen und auf 3 mm aufspringen lassen.

3 In den schwarzen Tonpapierstreifen 1,3 cm lange Fransen einschneiden und um die Blütenmitte kleben.

4 Die Blütenknospe besteht aus zwei Streifen. Auf 1,7 cm aufspringen lassen und an einem Ende knicken. Für die größeren Blätter 6 x 2 Streifen aneinander kleben und auf 1,4 cm aufspringen lassen. Die kleinen Blätter bestehen aus 1 Streifen. Diesen auf 1,2 cm aufspringen lassen. Die Blütenstiele sind 7 cm bzw. 10 cm lang.

5 Alle Teile laut Abbildung auf der Karte anbringen.

ANLÄSSE UND FESTLICHKEITEN

IDEENPOOL

ZU KIRCHLICHEN FESTEN

Hinweis

◆ Alle Doppelkarten sind 15 cm groß.

Tipps & Tricks

◆ Vergessen Sie nicht, den Stempel vor jedem Farbwechsel zu reinigen.

◆ Die Karte „Sonnenaufgang" passt gut zu christlichen Festen wie Kommunion und Konfirmation, aber auch zu einem Neubeginn.

SCHWIERIGKEITS-GRAD
◆

MATERIAL SONNENAUFGANG
- Doppelkarte in Weiß
- Papierreste in Hellgrün, Mittelgrün, Gelb und Blau
- Ziersticker: Taube, ca. 2 cm lang

DANKE
- Doppelkarte in Elfenbein
- Stempel: Danke und kleiner 4er Stempelwürfel
- Chalk-Stempelfarbe in Preußischblau
- Embossing-Stempelfarbe in Transparent und -pulver in Silber, Perlmuttviolett und Weiß
- Metallic-Faserschreiber in Blau
- Pergamentpapier mit Metalliceinschlüssen, A4
- Quastenschnur in Blau

VIELEN DANK
- Doppelkarte in Elfenbein
- Stempel: Kreis mit Punkten, Herz, und „Vielen Dank", je ca. 4 cm groß
- Chalk-Stempelfarbe in Orchidee und Rot
- Embossing-Stempelfarbe in Transparent und -pulver in Gold
- Metallic-Faserschreiber in Weinrot
- Pergamentpapier mit Metalliceinschlüssen, A4

VORLAGE
Seite 133

Sonnenaufgang

1 In die Karte einen Ausschnitt von 9 cm x 10 cm schneiden (ca. 3,2 cm von den Seiten und 2,7 cm vom unteren und oberen Rand entfernt).

2 Die Papierstreifen wie im Workshop auf Seite 27 beschrieben und gemäß Mustereinteilung zuschneiden und hinter den Ausschnitt setzen.

3 Wenn das Papier-Patchwork fertig gestellt ist, die Rückseite mit einem Deckblatt überkleben und auf der Vorderseite einen Ziersticker anbringen.

Danke

1 Den Rand der Karte mit Schablonenpapier abkleben (Seite 63) und den Hintergrund mit einem Stupfpinsel und blauer Stempelfarbe gestalten (siehe Seite 63). Mithilfe von Lineal und Faserschreiber den Pünktchenrand anfertigen. Das Schablonenpapier abziehen und den Hintergrund gut trocknen lassen.

2 Dann abwechselnd in Blau und Weiß Motive aufstempeln und embossen (siehe Seite 61).

3 Mit der Quastenschnur nach Belieben ein Einlegeblatt in der Karte fixieren (siehe Seite 13).

4 Das Pergamentpapier 4 cm breit zuschneiden. Damit der Streifen wie eine Banderole um die Karte passt, müssen Sie die Diagonale von einem A4-großen Blatt schneiden. Das Papier um die Karte legen und auf der Rückseite mittig mit einem Stück doppelseitigem Klebefilm verschließen. Den Schriftzug aufstempeln und silberfarben embossen.

Vielen Dank

1 Den Hintergrund wie bei „Danke" in Schritt 1 beschrieben gestalten, das Schablonenpapier noch nicht entfernen und den Pünktchenrand erst in Schritt 2 gestalten.

2 Eine diagonale Reihe Kreise in Orchidee aufstempeln und dann ober- und unterhalb davon zwei Reihe in Rot. Dann das Motiv in Orchidee in die noch freien Ecken stempeln. Den Pünktchenrand zeichnen und das Schablonenpapier entfernen.

3 Das Pergamentpapier auf 14 cm Breite zuschneiden und in der Mitte falten. Den Herzstempel im oberen Bereich in Orchidee, unten in Rot einfärben und mittig auf das Transparentpapier drücken. Gut trocknen lassen, dann den Schriftzug stempeln und embossen (siehe Seite 61).

4 Die Karte in das Transparentpapier legen und dieses mit einem kleinen Streifen doppelseitigem Klebeband auf der Rückseite (knapp neben dem Falz) ankleben.

ANLÄSSE UND FESTLICHKEITEN

83

HERZ UND BLUMEN

Tipps & Tricks

◆ Für die Herzstickerei brauchen Sie etwas Zeit und Geduld. Wahlweise können Sie die Perlen aufkleben. Den Klebstoff, z. B. Bastelleim oder Alleskleber, mit einem Zahnstocher auftragen und die Perlen mit einer Pinzette aufsetzen und andrücken.

◆ Die Karten sind eine schöne Überraschung zu Valentins- und Muttertag, aber auch zu Geburtstagen.

SCHWIERIGKEITSGRAD
◐◐

MATERIAL PERLENHERZ
- Doppelkarte in Weiß, 12 cm x 16,7 cm
- Tonzeichenpapierreste in Rot, Orange und Gelb
- Rocailles und Glasstifte in Rot- und Gelbtönen
- diverse Perlen und Herzperle für Anhänger
- Nadel, Nähgarn in Rot und Weiß

ROSEN
- Transparentpapier in Weiß, 23 cm x 17,8 cm
- Kartonreste in Weiß, Grün, Pink und Rosa gemustert
- Silberdraht, 22 cm lang
- Perlen in Rot und Orange
- 2 Satinrosen in Rot

MARGARITE
- Stempel: Margarite, ø 4 cm, und „Tillständsresolution", ca. 7 cm breit
- Chalk-Stempelkissen in hellem Olivgrün
- Mica-Stempelfarbe in Antik-Gold
- Faserschreiber in Sand, Chromgelb und Weinrot
- Embossing-Stempelkissen in Transparent und -pulver in Gold
- Füllerpinsel

VORLAGE
Seite 133

Perlenherz

1 Die farbigen Quadrate, 8 cm, 7,5 cm, 7 cm und 6,5 cm, laut Abbildung aufeinander- und auf die Karte kleben.

2 Die Herzform mit Bleistift leicht auf das weiße Papier zeichnen und die Perlen aufsticken, dabei mit der äußeren Reihe beginnen: Doppelten roten Faden auffädeln, mit der Nadel an der Herzspitze ein Loch stechen und den Faden durchziehen. Auf der Rückseite den Faden mit Klebefilm fixieren.

3 Eine runde rote Perle aufnehmen und durch das gleiche Loch wieder zurück stechen. Nun 5 mm vorwärts ein neues Loch stechen und eine Stiftperle aufsticken. Wieder in das vorletzte Loch einstechen und den Faden auf der Rückseite zum zweiten Loch der Stiftperle führen. Erneut eine Rundperle aufziehen und wieder in das gleiche Loch stechen. Als nächstes wieder 5 mm entfernt ein Loch stechen, eine Stiftperle anbringen und zurück zum vorletzten Loch stechen. So fortfahren, bis die Herzform bestickt ist.

4 Für die innere Perlenstickerei die Perlen im Steppstich mit weißem, doppelt gelegtem Faden aufnähen; dabei beachten, dass die Perle im Rückstich aufgenäht wird.

5 Für den Anhänger das Herz mittig auffädeln und verschiedene Perlen aufziehen (ca. 5 cm). Dann den Faden durch das Loch in der Herzspitze führen und auf der Rückseite mit Klebefilm befestigen. Das Quadrat mit Abstandsband auf die Karte kleben.

Rosen

1 Einen 3 cm breiten Streifen weißen Karton senkrecht auf die Karte kleben und an den Kanten bündig abschneiden. Das Musterkartonquadrat (4,8 cm) zuschneiden und auf ein etwas größeres Stück pinkfarbenen Karton kleben. Mit einem Rand von ca. 3 mm ausschneiden.

2 Die Perlen auf Draht fädeln und die Drahtenden mit einer Schmuckzange zu Ösen biegen. Die Drahtranke von hinten auf die Karte kleben und das Quadrat darauf setzen.

3 Die Rosenblätter zuschneiden, in der Mitte falten und mit den Satinrosen aufkleben.

Margarite

1 Mit Mica-Stempelfarbe und einem Füllerpinsel Spritzer auf die Karte geben (siehe Tipp Seite 62).

2 Den Schriftzug in Oliv in die Mitte der Karte stempeln. Darüber die Blume mit Embossing-Stempelfarbe setzen und sie embossen (siehe Seite 61).

3 Die Blütenblätter ausmalen und mit dem Füllerpinsel kleine Farbfelder unter das Motiv setzen.

ANLÄSSE UND FESTLICHKEITEN

IDEENPOOL

FLORALES ORNAMENT

Tipps & Tricks

◆ Statt eines Embossing-Stempelkissens können Sie auch ein Pigment-Stempelkissen verwenden.

◆ Beim „Quadrat" müssen die Stempel an den gleichen Stellen des Papiers sein. Das Platzieren des Stempels ist einfacher, wenn Sie im Stehen arbeiten und über die Kanten des Stempelgriffes auf die linke und untere Kante Ihrer Karte zielen.

◆ Die bei „Quadrat" verwendete Color-Blocking-Technik hat einen netten Nebeneffekt: Es entsteht immer Material für zwei Karten.

SCHWIERIGKEITSGRAD
◉◉

MATERIAL PRO KARTE
- Doppelkarte in Schwarz oder Weinrot, 15 cm x 15 cm
- Stempel: Florales Ornament, ca. 8 cm hoch

ZUSÄTZLICH BLACK
- Embossing-Stempelkissen in Transparent
- Embossingpulver in Gold
- Mica-Stempelfarbe in Grün
- Füllerpinsel oder Pinsel

BLACK & WHITE
- Chalk-Stempelfarbe in Weiß
- Schrumpffolienrest in Transparent
- Permanentstift in Gold

QUADRAT
- Künstlerkarton in Weinrot, Weiß und Creme
- Embossing-Stempelkissen in Transparent und -pulver in Gold
- Permanentstift in Gold

Black

1 Mit dem Füllerpinsel in der Mitte der Karte Mica-Stempelfarbe auftragen und zusätzlich Farbspritzer auf die Karte geben (siehe Tipp Seite 62).

2 Dann das Ornament stempeln und embossen (siehe Seite 61).

Black & White

1 Den Kartenrand mit Schablonenpapier abkleben (siehe Seite 63), so dass ein ca. 2,5 cm breiter Rahmen entsteht. Dann den Hintergrund mit einem Stupfpinsel weiß tünchen.

2 Das Ornament mehrmals aufstempeln. Nach dem Trocknen das Schablonenpapier wieder abziehen.

3 Die Schrumpffolie, 10 cm x 10 cm, mit Chalkfarbe bestempeln und schrumpfen (siehe Seite 64). Nach dem Abkühlen den Rand mit einem Goldstift umfahren und die Verzierung mit 3D-Kleber aufsetzen. Liegend trocknen lassen.

Quadrat

1 Beachten Sie zum Anfertigen der Verzierung auch die kleinen Fotos auf dieser Seite. Das Motiv zweimal stempeln: auf roten und auf cremefarbenen Karton. Dabei an einer Ecke orientieren, so dass die Stempelabdrucke genau an der gleichen Stelle sind. Die Motive embossen (siehe Seite 61).

2 Nun die Papierstücke genau übereinander legen und mit einer langen Schere kreuzweise auseinander schneiden. Das gelingt gut, wenn Sie das Papier beim ersten Schnitt nicht ganz durchschneiden.

3 Nun die Einzelstücke so anordnen, dass die gleichen Farben diagonal liegen und sie auf einem Stück doppelseitigem Klebeband zusammensetzen. Die Collage zum Quadrat schneiden.

4 Mit einem Permanentstift einen goldenen Rand um das Quadrat ziehen, es auf ein größeres Stück weißen Karton kleben und mit einem Rand von 1 cm ausschneiden. Auch um dieses Quadrat einen goldenen Rand ziehen und es dann auf die Karte setzen.

ANLÄSSE UND FESTLICHKEITEN

87

IDEENPOOL

TRAUERKARTEN

Tipps & Tricks

◆ Die Karte „In stillem Gedenken" lässt sich auch ohne den großen Stempel anfertigen. Die 2,5 cm großen Quadrate können auf weißen Karton gemalt und der Schriftzug von Hand aufgesetzt werden.

Hinweis

◆ Die Karte „Alles hat seine Zeit" wird mit Schrumpffolie verziert, beachten Sie die Anleitung auf Seite 64. Die Vierecke sind 11 cm (weiß) und 10,5 cm x 9 cm (schwarz) groß. Vor dem Schrumpfen mit einem ca. 2 cm großen Stempel mit Chalkfarbe bestempeln oder mit einem dünnen Permanentstift beschriften und mit einem Bürolocher Löcher für die Perlenschnüre stanzen. Die Perlen mit Draht und Quetschperlen anbringen (siehe auch Seite 71).

SCHWIERIGKEITSGRAD

MATERIAL PRO KARTE
◆ Doppelkarte in Weiß, 16,8 cm x 12 cm
◆ Deckblatt, 16 cm x 11 cm

ZUSÄTZLICH IN STILLEM GEDENKEN
◆ Pergamentpapier in Weiß, 6,5 cm x 19 cm
◆ Papierreste in Schwarz, Grau, Petrol, Dunkelgrün und Weiß
◆ 2 Motivlocher: Blattformen, ca. 2 cm lang
◆ Garn in Schwarz
◆ Stiftperle in Grün, 3 cm lang
◆ Ziersticker: Blume in Silber, ø 2 cm
◆ Stempel: „In stillem Gedenken" und „Neun Quadrate", ca. 8 cm groß
◆ Pigmentfarben- und Tusche-Stempelkissen in Schwarz
◆ Embossingpulver in Schwarz
◆ Faserschreiber in Schwarz, Rotbraun, Grau, Grün und Weinrot

HERZLICHES BEILEID
◆ Zeitschriftenseiten mit Bodenbelagsmotiven
◆ Stickgarn in Grün und Schwarz
◆ Schrumpffolienrest in Schwarz
◆ Permanentstift in Silber
◆ Ziersticker: Blätter in Braun
◆ 3D-Kleber

VORLAGE
Seite 133

In stillem Gedenken

1 Zwei Vierecke zuschneiden: in Schwarz 10,5 cm x 10 cm und in Grau 9,5 x 9 cm groß. Das schwarze Papier 1,5 cm vom oberen und 0,8 cm vom seitlichen Kartenrand entfernt aufkleben. Das graue Rechteck darauf setzen. Die Karte beiseite legen.

2 Das Motiv „Neun Quadrate" mit Pigmentfarbe auf weißes Papier stempeln und embossen (siehe Seite 61). Die Quadrate mit Faserstiften ausmalen. Das Motiv genau am äußeren Motivrand entlang ausschneiden und auf das graue Rechteck kleben. Ausgestanzte Blätter aufkleben.

3 Das Pergamentpapier auflegen, die obere und untere Kante auf die Rückseite umschlagen und festkleben. Darüber auf der Karteninnenseite das Deckblatt fixieren. Den Schriftzug laut Abbildung teilweise auf das Pergamentpapier stempeln (mit Tuschestempelkissen).

4 Das Stickgarn zweimal um die Karte wickeln, dann im oberen Teil der Karte zusammenknoten und auf ein Garnende die Stiftperle fädeln. Die Garnenden verknoten und abschneiden. Die Blüte sowie fünf ausgestanzte Blätter aufkleben.

Herzliches Beileid

1 In die Kartenfront einen Ausschnitt von 6,5 cm Breite und 7 cm Höhe schneiden. Dahinter laut Vorlage die zugeschnittenen Zeitschriftenpapiere in Patchwork-Optik (siehe Seite 27) befestigen. Die Rückseite mit dem Deckblatt überkleben.

2 Die Schrumpffolie, 6 cm x 3 cm, mit „Herzliches Beileid" beschriften. Nicht zu klein schreiben, da die Schrift mitschrumpft. Mit einem Heißluftgerät schrumpfen und auskühlen lassen (siehe Seite 64).

3 Das Schild mit 3D-Kleber bestreichen und leicht diagonal unterhalb des Ausschnittes platzieren. Rechts und links einen Ziersticker anbringen.

4 Die Stickgarne doppelt legen und um die Karte herumwickeln. Mit einer Schleife zusammenbinden und die Garnenden verknoten.

ANLÄSSE UND FESTLICHKEITEN

In stillem Gedenken

IDEENPOOL

BLÜTEN UND RANKEN

Tipps & Tricks

◆ Mit Chalkstempelfarbe lassen sich schöne Hintergründe gestalten. Dafür die Farben nacheinander versetzt auftragen und dann überstempeln und nach Belieben embossen.

◆ Wenn Sie Glanzkarton verwenden, können Sie den Chalkhintergrund anschließend mit einem Küchentuch polieren.

SCHWIERIGKEITSGRAD
◉◉

**MATERIAL
PRO KARTE**
- Doppelkarte in Schwarz, 15 cm x 15 cm
- Embossingpulver in Gold

ZUSÄTZLICH RANKEN-MOSAIK
- bestempelte und embosste Glanzpapierreste (Stempel: Florales Ornament)
- Pergamentpapierrest in Gold
- Papierkordel in Grün metallic
- Minikügelchen in Gold

BLÜTE
- Stempel: Margarite, ø 4 cm, und Schriftstempel, 8 cm breit
- Embossing-Stempelkissen in Transparent
- bestempelter Glanzpapierrest (siehe Tipp)
- Pergamentpapierrest in Gold
- Minikügelchen in Grün metallic, Gold und Blau
- Permanentstift in Gold

Ranken-Mosaik

1 Beim Anfertigen des Mosaiks die Fotos unten auf dieser Seite beachten! Aus zwei unterschiedlich farbigen Reststücken mit embosstem, floralem Ornament ca. 1 cm breite Streifen zuschneiden. Diese auf einem Stück doppelseitigem Klebeband zusammensetzen, dabei Papierkordel zwischen die einzelnen Streifen legen.

2 Die Streifen in entgegengesetzter Richtung auseinander schneiden und auf einem Stück Transparentpapier wieder zusammensetzen. Dabei wieder Papierkordel dazwischen legen und die Farben versetzt zueinander aufkleben.

3 Aus dem Mosaik ein 4 cm großes Quadrat zuschneiden. Ein 5 cm großes Stück doppelseitiges Klebeband auf das Transparentpapierstück kleben, die Schutzfolie abziehen und das Mosaik aufsetzen. Den Rand mit Minikügelchen verzieren (siehe Seite 61). Zuletzt das Transparentpapier auf das goldene Pergamentpapier kleben, dieses mit einem Rand von 1 cm ausschneiden und dann mittig auf die Karte kleben.

Blüte

1 Das Glanzpapier wie im Tipp gezeigt mit Chalkfarbe und einem Schriftstempel gestalten. Die Blüte mit Embossing-Stempelfarbe aufsetzen und embossen (siehe Seite 61).

2 Ein Viereck, ca. 4,5 cm groß, ausschneiden, mit einem Goldstift den Rand einfärben und es wie beim Mosaik beschrieben weiter verzieren und auf die Karte kleben.

ANLÄSSE UND FESTLICHKEITEN

91

FÜR VIELE GELEGENHEITEN

92

FÜR VIELE GELEGENHEITEN

BUNTE TIERWELT

Affen

1 Aus weißem Karton zwei Stücke, 15 cm x 10,3 cm, und 1 cm x 10 cm, und aus blauem ein Rechteck, 14,4 cm x 10 cm, ausschneiden. Die Affen auf weißen Reststücken wie auf Seite 31 beschrieben prägen und farbig gestalten. Dann die seitlichen Stege durchtrennen und die Tiere ausschneiden. Die Augen mit schwarzem Gelstift zeichnen.

2 Papierstreifen für Rasen und die Seite reißen und auf die blaue Karte kleben. Den weißen zugeschnittenen Streifen auf das Scrapbookpapier kleben und mit einem Band verzieren. Die Äffchen aufsetzen und mit ausgestanzten Blüten mit Rocailles in der Mitte verzieren.

3 Das blaue Viereck auf das weiße und dieses auf die Doppelkarte kleben. Den Gelstiftrahmen aufzeichnen.

Kühe

1 Zwei Papierquadrate zuschneiden: in Wasserblau 12,5 cm und in Hellgrün 13 cm groß. Die Prägeschablone auf einem Rest weißen Karton fixieren und die Tiere wie auf Seite 31 beschrieben prägen, farbig gestalten und durch Durchtrennen der Stege ausschneiden. Die Augen mit Gelstift zeichnen.

2 Zwei Streifen zurechtgerissenes Grün auf die blaue Karte kleben und die Kühe darauf setzen. Dann die Karten aufeinander auf die Doppelkarte kleben.

3 Die Buchstabenschablonen (in einem halbrunden Halter) auf einem Rest weißen Karton fixieren und den Text prägen und farbig gestalten. Den halben Bogen 2 cm breit zuschneiden, auf ein etwas größeres Stück pinkfarbenen Karton kleben und mit einem Rand von 2,5 mm ausschneiden. Abschließend die Karte mit Text, ausgestanzten Miniblümchen mit Perlenmitten, bemalten Schmetterlingen und einem Gelstiftrahmen verzieren.

Giraffen

1 Zwei Papierrechtecke zuschneiden: in Olivgrün 10,5 cm x 15 cm und in Weiß 10 cm x 14,5 cm. Die Prägeschablone auf dem weißen Karton fixieren und das Tiere wie auf Seite 31 beschrieben prägen und farbig gestalten.

2 Künstlerkarton in Oliv und Terrakotta sowie Scrapbookpapier auf ca. 7 cm x 14,5 cm zuschneiden und unterschiedlich viel von der rechten Kante abreißen. Die Streifen am linken Rand des weißen Kartons aufeinander kleben.

3 Den Text mit Buchstabenschablonen farbig gestalten (siehe Tipp). Den Streifen, 1,5 cm x 7 cm, zuschneiden und mit hellgrünem Karton doppeln. Auf die Karte kleben und diese mit Bunt- und Filzstiften und ausgestanzten und bemalten Schmetterlingen verzieren.

SCHWIERIGKEITSGRAD

MATERIAL PRO KARTE
- Rocailles in Rot, ø 2,2 mm
- Motivstanzer: Schmetterling und Blüte, ø 7 mm
- Gelstifte in Weiß und Schwarz
- Prägeschablone: Affen, Kühe oder Giraffen
- Buchstabenschablonen, 1 cm hoch

ZUSÄTZLICH AFFEN
- Doppelkarte in Pink, 15,6 cm x 11,1 cm
- Künstlerkartonreste in Grün, Hellgrün, Gelb, Wasserblau und Weiß
- Scrapbookpapierrest: gestreift mit Schmetterlingen
- Satinband in Pink, 4 mm breit, 10 cm lang
- Applikator und Stempelfarbe in Gelb, Topaz, Braun und Schwarz

KÜHE
- Doppelkarte in Pink, 13,6 cm x 13,6 cm
- Künstlerkartonreste in Grün, Hellgrün, Wasserblau, Weiß, Gelb und Pink
- Applikator und Stempelfarbe in Weiß, Aprikot, Koralle und Schwarz

GIRAFFEN
- Doppelkarte in Terrakotta, 11,1 cm x 15,6 cm
- Künstlerkartonreste in Olivgrün, Hellgrün, Terrakotta und Weiß
- Scrapbookpapierrest: Weltkarte
- Applikator und Stempelfarbe in Gelb, Topaz, Braun und Schwarz

VORLAGE
Seite 134

Tipps & Tricks

◆ Die Halterung für die Buchstabenschablonen (gibt es auch als Halbrund) von unten mit Kreppklebeband versehen. Dieses aus der Mitte wieder herausschneiden, so dass oben und unten nur ca. 1 mm stehen bleiben. Die Buchstabenschablonen aufsetzen und die Buchstaben mit Stempelfarbe färben.

IDEENPOOL

FROSCH, KATZE UND LICHTERKARTE

Tipps & Tricks

◆ Transparentpapier können Sie mit einem Klebestift nahezu unsichtbar anbringen.

◆ Die Lichterkarte kann zum Verschicken und Verschenken zusammengeklappt werden. Auf Seite 17 erfahren Sie, wie Sie einen passenden Briefumschlag basteln können.

SCHWIERIGKEITSGRAD
◐◐

MATERIAL
FROSCH
- Doppelkarte in Weiß, 11 cm x 11 cm
- Tonkartonreste in Hellgrün, Rot, Blau und Gelb
- Transparentpapierrest in Rosa
- Faserschreiber in Schwarz, Weiß und Pink

KATZE
- Doppelkarte in Silber, 10,5 cm x 16,2 cm
- Tonpapierreste in Weiß, Pink und Rosa
- Transparentpapierrest in Rosa

LICHTERKARTE
- Prägekarton mit Blütenranken in Creme, A4
- Transparentpapier in Gelb, Rosa und Orange
- Lackmalstift in Weiß

VORLAGE
Seite 134 + 135

Frosch

1 Den Frosch ausschneiden. Die gekennzeichneten Linien und die Mittellinie des Tiers von der Vorderseite eindrücken und die markierte Linie des Mundes aufschneiden.

2 Das rote Papierstück in der Mitte vorknicken und in die Karte kleben. Darüber den Froschkopf setzen. Die Augen mit Abstandspads aufkleben und alles laut Abbildung bemalen. Die Hände, die Schleife sowie die Einzelteile für die Libelle ausschneiden (die Libellenflügel aus Transparentpapier), bemalen und aufkleben.

3 Die Karte beschriften und mit Herzchen versehen.

Katze

1 Die Katze aus weißem Papier schneiden und mit schwarzem, silbernem und pinkfarbenem Stift bemalen. Den Lichtpunkt auf der Nase mit Lackmalstift setzen.

2 Die Karte am Rand mit ca. 2,5 cm breiten weißen und 1,9 cm breiten rosafarbenen Streifen bekleben und die Katze aufkleben.

3 Das Transparentpapieroberteil zuschneiden und fixieren. Für das Röckchen einen Transparentpapierstreifen, 23 cm x 4,4, cm, im Zickzack falten. Jede Falte ist ca. 1 cm breit. Die Papierenden waagerecht unter das Oberteil kleben.

4 Die Schleife und das Blümchen aufkleben und die Blümchen und Herzen aufmalen.

Lichterkarte

1 Die Form des Teelichthäuschens und die Einsteckkarte aus Prägekarton schneiden und die Fenster mit einem Cutter herausschneiden. Die Öffnungen mit rechteckig zugeschnittenem Transparentpapier hinterkleben und auf die Einsteckkarte ein 5 cm x 7 cm großes Stück kleben. Alles mit Lackmalstift bemalen und beschriften.

2 Die Knickkanten des Häuschens eindrücken und es dann falten und zusammenkleben.

FÜR VIELE GELEGENHEITEN

KARTEN MIT HERZ

Tipps & Tricks

◆ Beide Karten können Sie durch andere Farben leicht abändern: Wählen Sie für Festlichkeiten wie Hochzeiten zum Beispiel edle Cremetöne für Hintergrund und Ziersticker. Dazu passen Fotos in Sepia gedruckt.

◆ In die Mitte des Faltbriefes kann auch ein kleiner Papierblock geklebt werden, auf dem mehrere Gratulanten ihre Grüße schreiben können (vgl. auch Anhängerkarte Seite 105). Bekleben Sie die Laschen dann mit einer Fotocollage der Gratulanten. Für Geldgeschenke noch einen kleinen Umschlag – z. B. wie bei der Engelskarte auf Seite 121 aus Transparentpapier gebastelt – aufsetzen.

SCHWIERIGKEITSGRAD

MATERIAL
FALTBRIEF
- Fotokarton in Lila, A3
- Tonkarton in Weiß, A3
- Lackmalstift in Weiß und Filzstift in Pink
- Fotos
- Ziersticker in Rosatönen: Herzen, 2 cm, 2,5 cm und 4 cm und Blumenvase, 8 cm hoch
- Chiffonband in Weiß, 4 mm breit, 25 cm lang

BLUMENHERZ
- Doppelkarte in Weiß, 10,5 cm x 15 cm
- Transparentpapierrest in Weiß
- 2 Brads (Musterklammern) in Gelb
- diverse Blumensticker, ø 0,7 cm bis 1,5 cm
- Strasssteine und Wachshalbperlen

VORLAGE
Seite 136

Faltbrief

1 Die Form aus Fotokarton ausschneiden und an den markierten Linien falzen. Mit Lackmalstift und Filzstift das Muster aufmalen.

2 Die Fotos in abgestimmten Größen auf weißen Karton kleben und mit einem Rand von ca. 2 mm ausschneiden (siehe Seite 24). Dann auf den Faltbrief setzen und diesen zusätzlich mit Stickern verzieren.

3 Den Faltbrief zusammenklappen. Einen Sticker auf einen größeren Papierstreifen kleben, diesen lochen und ein Band durchziehen. Den Anhänger zusammen mit einem Herzsticker aufkleben.

Blumenherz

1 Eine Herzform mit Bleistift auf die Karte zeichnen und die Blumensticker einander etwas überlappend aufkleben. Die Blütenmitten mit Strasssteinen und Wachshalbperlen verzieren und nach Belieben etwas Glitzerkleber über die Blüten geben.

2 Den Schriftzug mit dem Computer gestalten und auf Transparentpapier drucken. Löcher in die Karte stechen und das Papier mit Brads anbringen (siehe Tipp Seite 53).

FÜR VIELE GELEGENHEITEN

Herzlichen Glückwunsch!

IDEENPOOL

BLUME, ORNAMENTE UND GESCHENKE

Tipps & Tricks

◆ „Blütenkranz" ist ein schönes Motiv für Osterkarten: Für noch mehr Frühlingsstimmung kann das Motiv in Grün- und Gelbtönen gearbeitet werden.

◆ Im Fachhandel finden Sie eine große Auswahl an so genannten Konturenstickern, darunter auch Schriftzüge. Mit diesen können Sie Ihre Karten im Handumdrehen beschriften.

◆ Die Drehkarte lässt sich mit anderen Stempeln, Fotos und hübschen Papieren passend zum Anlass abwandeln.

SCHWIERIGKEITSGRAD
◉◉

MATERIAL BLÜTENKRANZ
◆ Doppelkarte in Rosa, 10,5 cm x 14 cm
◆ Duo-Papier in Pink-Weiß
◆ Schmucksteine in Kristall, ø 4 mm

ROSETTE
◆ Doppelkarte in Hellblau, 10,5 cm x 14,7 cm
◆ Duo-Glanzpapier in Lila-Gold

FOLKLORE
◆ Doppelkarte in Weiß, 11,5 cm x 18 cm
◆ Duo-Papier in Blau-Hellblau

DREHKARTE
◆ Doppelkarte in Weinrot, 15 cm x 15 cm
◆ 4er-Stempel: Happy Birthday-Rahmen, Florales Muster und Geschenke
◆ Chalk-Stempelfarbe in Pastell-Orchidee und Ockergelb
◆ Embossing-Stempelfarbe und -pulver in Gold
◆ starkes beidseitiges Klebeband
◆ Permanentstift in Gold
◆ 2 Rocailles in Gold, ø 2 mm
◆ Blumendraht, 8 cm lang
◆ Graupappe, 1,5 mm dick
◆ Glanzpapierrest in Weiß

VORLAGE
Seite 136 + 137

Blütenkranz und Rosette

1 Beide Karten werden gleich angefertigt (siehe auch „Klappschnitt" ab Seite 25): Die Vorlage auf das ausgewählte Duo-Papier legen, beides befestigen und die Linien einschneiden. Dann werden die Motivhälften umgeklappt und ergeben so ein vollständiges Motiv.

2 Den Klappschnitt auf die Doppelkarte kleben.

3 Der Blütenkranz kann mit Schmucksteinen geschmückt werden. Bastel- oder Alleskleber zuerst auf die Blüte tupfen und dann den Stein aufsetzen.

Folklore

1 Die Grundlage dieser Karte ist ein Scherenschnitt. Das Motiv wurde stilisiert und jeweils die Hälfte eines Motivteils eingeschnitten.

2 Anschließend den Duo-Karton auf 11,8 cm x 15,2 cm zuschneiden und auf die Karte kleben.

Drehkarte

1 Den Schriftzug auf die Mitte der Karte stempeln und golden embossen (siehe Seite 61). Die innere Fläche herausschneiden. Das Reststück halbieren und doppelseitiges Klebeband aufkleben. Vorerst beiseite legen.

2 Zwei Quadrate aus Glanzpapier zuschneiden, hier 3,8 cm groß. Die Größe richtet sich nach den Perlen: die Quadrate mit den Perlen sollen in den Rahmen passen. Mit einem Stupfpinsel eines ockerfarben, das andere pink betupfen (siehe Tipp Seite 63). In den entsprechenden Farben mit dem floralen Motiv bestempeln. Dann das Geschenkpaket auf jedes Kärtchen stempeln, embossen und kolorieren.

3 Zwei kleine Rechtecke, 3,8 x 1,8 cm, aus Graupappe zuschneiden und mit doppelseitigem Klebeband so auf ein Quadrat kleben, dass in der Mitte ein schmaler Spalt frei bleibt. Das andere Quadrat passgenau aufsetzen. Den Rand mit einem Goldstift umfahren.

4 Den Blumendraht in die Röhre schieben und auf beiden Seiten eine Perle aufstecken. Die Drahtenden mit den in Schritt 1 vorbereiteten Kartenstreifen hinter den Ausschnitt kleben.

FÜR VIELE GELEGENHEITEN

IDEENPOOL

EINLADUNGEN MIT HERZ UND STIL

Tipps & Tricks

◆ Durch das Aufklappen des Herzens entsteht eine Blume, die beschriftet werden kann.

◆ Das Herz können Sie auch als Danksagungskarte verwenden. Bekleben Sie die aufgeklappte Blume doch mit einigen Fotos vom Fest!

◆ Papierzahlen können Sie sich in Bastelgeschäften mit Stanzmaschine ausschneiden lassen. Alternativ Klebezahlen verwenden.

SCHWIERIGKEITSGRAD

MATERIAL ROSENKARTE
- Cardstockpapier in Hellgrün, 23 cm x 16,7 cm, und Reste in Hellgrün und Rosa
- 3D-Bogen Rose
- Zierrandschere
- 2 runde Eyelets und 5 Blumenösen in Platin
- Schleifenband in Olivgrün, 1 cm breit, 30 cm lang
- Stempelfarbe in Pink und Hellgrün

HERZKARTE
- Scrapbookpapier in Rosa mit Blüten, 30,5 cm x 30,5 cm
- Stempel: Einladung, 3 cm, und Schriftstempel, 8 cm lang
- Stempelfarbe in Rosa
- Motivstanzer: Blüte, ø 1,5 cm
- Schmucksteine in Kristall, ø 3 mm
- Zierrandschere
- Bänder in Pink

GRÜNE KARTE
- Cardstockpapier in Hellgrün, 19 cm x 9,5 cm, und Rest in Gelbgrün
- Scrapbookpapierrest mit grafischem Muster in Gelbgrün und 1 Bogen mit Schrift in Hellgrün (Umschlag)
- Stempel: Einladung, 3 cm lang
- Stempelfarbe in Schwarz
- Eckenstanzer: Rundung
- Eyelet in Platin, ø 4 mm
- Schleifenband in Creme, 5 mm breit, 30 cm lang
- Papierzahl in Hellgrün: 30

VORLAGE
Seite 137

Rosenkarte

1 Für den Umschlag das hellgrüne, große Papierstück in der Mitte falten. Die obere Kartenseite markieren: oben links 7 mm vom Falz und unten rechts 7 mm von der unteren Ecke. Beide Markierungen miteinander verbinden und das Papier an dieser Linie abschneiden.

2 Die direkte Diagonale zwischen oberer Falzecke und unterer Ecke anritzen und den Papierstreifen nach vorne umschlagen. Mit Blütenösen befestigen. Die Karte brushen und das Band aufkleben. Dann die Vorderseite am unteren Rand an die Rückseite der Karte kleben.

3 Für den Anhänger zum Einstecken die Rose ausschneiden, auf ein etwas größeres Stück hellgrünen Karton kleben und mit einem schmalen Rand mit der Zierrandschere ausschneiden. Am Rand mit Stempelfarbe brushen (siehe Seite 51). Dann auf rosa Karton kleben, mit Rand ausschneiden und rosa brushen. Die Öse anbringen (siehe Seite 53) und Schleifenband einknüpfen.

4 Wie beim großen Anhänger beschrieben einen kleinen quadratischen Anhänger anfertigen und diesen auf die Tasche kleben.

Herzkarte

1 Aus dem rosa Papier ein Quadrat von 20 x 20 cm zuschneiden. Das Papier laut Faltskizze auf Seite 137 falten, das Herz aufzeichnen (die Öffnung des Papiers muss dabei nach oben schauen) und ausschneiden.

2 Das rosa Band bestempeln, an den Enden einschneiden und auf einen ca. 2,5 cm breiten Papierstreifen kleben (Rückseite des Scrapbookpapiers). Auf ein zweites Papierstück „Einladung" stempeln. Die Kanten der kompletten Karte und der Streifen mit Stempelfarbe brushen (siehe Seite 51). Dann den langen Papierstreifen mit Fransenband an beiden Seiten aufsetzen, den kurzen mit Abstandspads. Die Karte innen und außen mit kleinen ausgestanzten Blüten und Schmucksteinen verzieren.

Grüne Karte

1 Das hellgrüne Papier in der Mitte falten und die Ecken mit dem Stanzer abrunden. Zwei Streifen Scrapbookpapier, 9,5 cm x 2,5 cm und 9,5 cm x 1 cm aufeinander kleben und im Abstand von 2 cm von der linken Seite aufkleben. Zwei Kreise, 3 cm und 2,5 cm, ausschneiden, aufeinanderkleben und mit einem Eyelet befestigen. Mit einer Zahl beschriften, bekleben oder bestempeln.

2 Um die Karte ein Stück Band binden und das mit Einladung bestempelte Tag daran befestigen. Den Umschlag laut Vorlage ausschneiden und falten.

FÜR VIELE GELEGENHEITEN

IDEENPOOL

SONNE, SCHMETTERLING UND TORTE

Tipps & Tricks

◆ Statt der Holzblüte können Sie bei der Karte mit Sonne auch eine ausgestanzte Blüte verwenden.

SCHWIERIGKEITSGRAD
◎◎

MATERIAL
SONNE
- Doppelkarte in Blau, 11,5 cm x 18 cm
- Tonkartonreste in Gelb, Pink, Orange und Hellgrün
- Chiffonband in Orange, 6 cm breit, ca. 15 cm lang
- Holzblüte in Weiß, ø 2,5 cm

SCHMETTERLING
- Doppelkarte in Weiß, 11,5 cm x 18 cm
- Tonkartonreste in Lila, Gelb, Blau, Hellgrün-Weiß gepunktet und Pink
- Papierdraht in Blau
- 2 Holzperlen in Blau, ø 6 mm
- Schmucksteine in 2 x Lila, ca. 6 mm groß
- Glitzerkleber in Silber, Lila und Pink
- Lackmalstift in Weiß

TORTE
- Doppelkarte aus Prägekarton in Weiß, 15 cm x 15 cm
- Doppelkarte in Gelb, 15,7 cm x 15,7 cm
- Tonkartonreste in Hellgrün, Braun, Türkis, Gelb, Rosa, Weiß, Pink, Grün, Hellblau, Rot und Orange

VORLAGE
Seite 138 + 139

Sonne

1 Den oberen Teil der Karte mit Lackmal- oder Gelstift mit Wölkchen bemalen. Den Kreis und elf Strahlen ausschneiden, das Gesicht mit Bunt- und Filzstift aufmalen und die Sonne aufkleben.

2 Darunter Papierstreifen setzen: gelb und orange sind je 2,5 cm breit. Darüber einen weißen, mit der Zierrandschere zugeschnittenen, 3 cm breiten Streifen und darauf einen pinkfarbenen Streifen, 1 cm breit, setzen. Mit Chiffonband überkleben, das auf die Rückseite umgeklappt und festgeklebt oder bündig abgeschnitten wird.

3 Die Blume aus Papierstiel und -blättern sowie Holzblüte zusammensetzen und das Schild aufkleben (5 cm x 3,5 cm mit grünem Karton gerahmt).

Schmetterling

1 Die Einzelteile des Schmetterlings ausschneiden und mit Bunt- und Filzstiften Streifen auf den Körper sowie das Gesicht auf den Kopf malen. Die Fühler mit aufgesteckten Holzperlenenden hinter den Kopf kleben. Die Einzelteile auf dem hellgrünen Karton zusammenkleben. Den Kopf mit Abstandspads oder einem Klecks Heißkleber aufsetzen.

2 Die Blüten ausstanzen, die Blütenmitten mit Lackmalstift malen und sie unterhalb des Schmetterlings aufkleben. Die Stiele mit Buntstift malen und dann mit Glitzerkleber nachziehen. Den Schmetterling mit Glitzerkleber verzieren und die Schmucksteine aufkleben (in Glitzerkleberkleckse setzen).

3 Den hellgrünen Karton auf die Karte kleben.

Torte

1 Die Pop-up-Karte wird wie auf Seite 41 beschrieben gebastelt. Zum Einschneiden der Stege die Skizze auf Seite 139 beachten! Die Torte vor dem Aufkleben zusammensetzen und mit weißem Lackmalstift und rosa Buntstift bemalen.

2 Die weiße Karte dann in die gelbe Hülle kleben.

FÜR VIELE GELEGENHEITEN

103

IDEENPOOL

ANHÄNGER, TASCHEN-KARTE UND KALEIDOSKOP

Tipps & Tricks

◆ Die Jeanskarte ist eine originelle Geburtstagkarte für Teenager.

Hinweis

◆ Halten Sie zum Abschmirgeln des Papiers Schmirgelpapier, Stärke 90, bereit.

SCHWIERIGKEITSGRAD
◔

MATERIAL ANHÄNGER

- Cardstockpapier in Hellgrün, 30,5 cm x 30,5 cm
- Scrapbookpapier in Grün-Blau gemustert
- verschiedene Bänder in Grüntönen
- Stempel: Herzlichen Glückwunsch zum Geburtstag, ca. 9 cm breit
- Stempelfarbe in Mittelblau (betuschen) und Schwarz
- Pellkarton oder Graupappe, 11,5 cm x 17 cm

JEANSTASCHE

- Jeanstonkarton, 2 x 10,5 cm x 13,5 cm
- Cardstockpapierreste in Pink
- Scrapbookpapier: Jeanstaschen
- Herzknöpfe und Fransenband und Stempelfarbe in Rosa

FOTOKALEIDOSKOP

- Cardstockpapier in Pink, 2 x 20 cm x 14 cm, und Reste in Schwarz und Weiß
- Stempel: Blüte und Blütenumriss, ø 3 cm
- Stempelfarbe in Weiß
- 4 Blütenösen in Rosa
- Chiffonband in Weiß, 4 cm breit, 1 m lang
- Schmuckstein in Kristall, ø 6 mm

Anhänger

1 Den Pellkarton zuschneiden: an der oberen Längsseite jeweils 2,5 cm abmessen und die Ecken abschneiden. An die Außenkanten doppelseitiges Klebeband auf Vorder- und Rückseite kleben und den Pellkarton auf das Scrapbookpapier kleben. Das gemusterte Papier abschneiden, so dass ein Rand von ca. 2 cm stehen bleibt. Das Papier an den Ecken schräg abschneiden, dabei ca. 3 mm stehen lassen. Damit schöne Ecken entstehen, immer erst die gegenüberliegenden Seiten festkleben.

2 Das Papier mit Schmirgelpapier bearbeiten, wodurch der Antik-Look entsteht (siehe Seite 51). Die Rückseite mit hellgrünem Papier, etwas kleiner als die Karte zugeschnitten, bekleben. Oben und an der linken Seite Löcher stanzen.

3 Drei Bögen hellgrünes Papier in der Größe 10 cm x 9 cm zuschneiden. Auf der linken Seite jeweils im Abstand von 1 cm zur Außenkante einen Falz ziehen, damit man das Papier besser blättern kann und den Rand lochen (gleicher Abstand wie Anhängerkarte).

4 Das Deckblatt bestempeln und die Ränder mit Stempelfarbe brushen. Mit der verschiedenen Bändern anbinden und einige Bänder oben in der Karte einknüpfen.

Jeanstasche

1 An der unteren Längsseite des Jeanskartons Markierungen im Abstand von 2 cm setzen und die Ecken abschneiden.

2 Pinkfarbenes Papier für Gürtel (2 cm breit und 7 cm (vorne abgerundet und gelocht) bzw. 4,7 cm lang) und Flicken (7 cm x 4 cm) zuschneiden und mit Stempelfarbe brushen (siehe Seite 51).

3 An jedem Jeanskartonteil die obere Naht mit der Nähmaschine nähen und auf eines den Flicken nähen. Dann beide Teile zur Tasche zusammennähen. Den Gürtel aufkleben, die Gürtelschlaufen darüber setzen und den Flicken beschriften und mit Herzknöpfen verzieren.

4 In die Tasche einen Anhänger stecken, dafür ein pinkfarbenes Rechteck, 8 cm x 10 cm, zuschneiden, oben die Ecken abschneiden, es lochen und mit eingeknüpftem Fransenband versehen.

Fotokaleidoskop

1 Das Kaleidoskop anfertigen (siehe Seite 55), mittig einen Schmuckstein fixieren und es auf weißes Papier kleben. Mit der Zierrandschere ausschneiden und auf abgeschmirgeltes, pinkfarbenes Papier, 11 cm x 11 cm, kleben.

2 Die pinkfarbenen Bögen mit Blüten bestempeln und je zwei Falze bei 2 cm und 4 cm anbringen. In einen Bogen mittig einen Kreis, ø 9 cm, einschneiden.

3 Aus schwarzem Papier ein Quadrat, 10,5 cm groß, zuschneiden. Mittig einen Kreis, ø 8 cm, einschneiden. Das Fotokaleidoskop mit Klebepads dahinter fixieren, dann das schwarze Papier hinter den pinkfarbenen Bogen setzen.

4 An die pinkfarbenen Bögen links und rechts je zwei Blütenösen anbringen und sie mit Chiffonband zusammenbinden.

FÜR VIELE GELEGENHEITEN

IDEENPOOL

IM ELFENLAND

Hinweise

◆ Beachten Sie beim Sticken der Fadengrafiken die Anleitung auf Seite 47. Das Arbeiten von 3D-Bilder sehen Sie Schritt für Schritt erklärt auf Seite 38.

◆ Das Doppeln von Papier wird auf Seite 24 beschrieben.

Tipps & Tricks

◆ Fixieren Sie das Stanzmuster mit leicht entfernbarem Klebeband auf der Karte, dann kann es nicht verrutschen.

◆ Es ist wichtig, dass Schere, Prickelnadel etc. immer sauber sind. Reinigen Sie sie regelmäßig mit Waschbenzin!

SCHWIERIGKEITSGRAD
◐◐

MATERIAL PRO KARTE
- Punch & Stitch®-Stanzer: Stern oder Tulpe
- 3D-Motivbild
- Nadel und Nähgarn in versch. Farben
- Rocailles in versch. Farben, ø 2 mm
- Motivstanzer: Blüte, ø 7 mm und evtl. 1 cm
- Gelstifte in Weiß und evtl. Rot

ELF
- Doppelkarte in Dunkelgelb, 16,1 cm x 11,1 cm
- Tonkartonreste in Rot, Weiß, Grün, Hellgrün und Gelb
- Schmucksteine in Hellorange, ø 4 mm

BLUMENELFE
- Doppelkarte in Wasserblau, 13,6 cm x 13,6 cm
- Tonkartonreste in Weiß, Rot, Hellgrün, Grün und Gelb

ELFKINDER
- Doppelkarte in Hellgrün, 11,6 cm x 15,6 cm
- Tonkartonreste in Weiß, Wasserblau, Rot, Hellgrün, Grün und Gelb
- Regenbogenpapier in Grün-Gelb-Verlauf

VORLAGEN
Seite 135 + 141

Elf

1 Zwei Papierrechtecke zuschneiden, 15 cm x 10 cm in Weiß, 15,5 cm x 10,5 cm in Rot. Die Vorlage auf der weißen Karte fixieren, die Löcher für die Fadengrafik stanzen und die Sterne sticken.

2 Für die Wiese zwei grüne Streifen reißen und mit den Grasbüscheln bekleben. Das 3D-Motivbild aufsetzen. Den Gelstiftrahmen mit Lineal zeichnen und die Wiese mit kleinen Blümchen mit Rocailles in der Mitte verzieren. Die einzelnen Papierstücke auf die Doppelkarte kleben.

Blumenelfchen

1 Zwei Quadrate zuschneiden: 12,5 cm in Rot und 13 cm in Weiß. Die Mustervorlage mittig auf die rote Karte setzen und die Löcher für die Fadengrafik stanzen. Die Vorlage abnehmen, ein Passepartout von 7,3 cm Größe ausschneiden und das Muster sticken. Das Passepartout mit gelbem Papier doppeln. Das rote auf das weiße Quadrat und dieses auf die Karte kleben.

2 Die Wiese aus gerissenem Papier aufsetzen und die Elfe als 3D-Bild arbeiten. Den Hintergrund mit blauem Buntstift schattieren. Ausgestanzte Schmetterlinge und Blüten mit Rocailles in der Mitte aufsetzen. Den Gelstiftrahmen zeichnen.

Elfenkinder

1 Drei Karten zuschneiden, 11 cm x 15 cm und 10,5 cm x 10,5 cm in Weiß und 10,5 cm x 14,5 cm in Wasserblau. Die Vorlage auf dem weißen Quadrat fixieren, die Löcher für die Fadengrafik stanzen und das Muster sticken.

2 Den Ring ausschneiden und innen mit einem gelben, außen mit einem roten Rahmen versehen. Hinter die Öffnung Regenbogenpapier kleben. Den Gelstiftrahmen auf die wasserblaue Karte zeichnen und den Kreis aufsetzen.

3 Für die Wiese zwei grüne Streifen reißen und aufkleben. Das 3D-Motivbild und ausgestanzte Blüten, mit Gelstift bemalt, aufsetzen. Die einzelnen Papierstücke auf die Doppelkarte kleben.

FÜR VIELE GELEGENHEITEN

IDEEN DURCHS JAHR

VÖGELCHEN UND HASE

Vögelchen

1 Den hellen Fotokarton in der Mitte knicken und den blauen, mit einer Zierrandschere zugeschnittenen, aufkleben. Die Einzelteile quillen.

2 Blüte: je 1 x Rosa- und Elfenbein, 8 mm breit, aneinanderkleben und ca. 6 mm tief einschneiden (siehe Fransenblumen Seite 37). Quillen und das Ende mit Kleber fixieren. Die eingeschnittenen Fransen nach außen knicken.
Blätter: je 2 x Grün aneinanderkleben, quillen und auf 1,5 cm aufspringen lassen. Eine Seite zu einer Spitze zusammendrücken.
Kopf: je 2 x Elfenbein zusammenkleben, quillen und auf 1,2 cm aufspringen lassen.
Flügel: je 2 x Elfenbein zusammenkleben, quillen, auf 1,5 cm aufspringen lassen.
Körper: 4 x Elfenbein zusammenkleben, quillen, auf 2 cm aufspringen lassen.
Schnabel: ½ x Elfenbein quillen, auf 7 mm aufspringen lassen, zum Dreieck formen und lange Seite eindrücken.
Für die Äste die Enden eines halben Tonkartonstreifens ca. 1 cm gegengleich einrollen.

3 Alle Teile laut Abbildung auf die Karte kleben. Die Perlen an die Enden von je 1 cm langen Drahtstücken kleben und in den Blütenmitten fixieren. Das Satinband mit zwei Perlen schmücken und um die Karte binden.

Hase

1 Die Karte knicken und den blauen Fotokarton aufkleben. Vier Streifen Tonpapier in Elfenbein im Abstand von ca. 1,3 cm zueinander senkrecht aufkleben. Die Punkte ausstanzen und laut Abbildung aufkleben.

2 In den Streifen für den Kopf ca. 8 mm tiefe, für den Körper 1 cm tiefe Fransen einschneiden. Quillen, die Enden verkleben und die Fransen nach außen biegen. Zwei Barthaare (2,5 cm x 0,1 cm) zuschneiden. Die Perlen für die Augen und die Nase sowie die Barthaare festkleben.

3 Für die Ohren je einen Streifen in Rosa und Braun zusammenkleben und auf 2 cm aufspringen lassen. An den gegenüberliegenden Enden knicken.

4 Die Arme bestehen aus je einem hellbraunen Streifen (auf 1,1 cm aufspringen lassen). Die Streifen für die Füße auf einen Durchmesser von 1,5 cm aufspringen lassen und an einem Ende knicken.

5 Für die bunten Eier je zwei Streifen zusammenkleben, quillen und auf 1,4 cm aufspringen lassen.

6 Zum Schluss alle Teile auf der Karte anbringen und das Satinband um die Karte binden.

SCHWIERIGKEITSGRAD
◎◎◎

MATERIAL VÖGELCHEN
- Fotokarton in Creme, 20,5 cm x 20,5 cm, und Mittelblau, 17 cm x 9 cm
- Tonpapierstreifen in je 5 x Rosa und Elfenbein, 8 mm breit, 20 cm lang
- Tonpapierstreifen in 18 x Elfenbein und 11 x Hellgrün, 3 mm breit, 16 cm lang
- Silberdraht, ø 0,2 mm
- Wachsperlen in Weiß, 13 x ø 3 mm und 2 x ø 7 mm
- Satinband in Blau, 3 mm breit, 52 cm lang

HASE
- Fotokarton in Elfenbein, 21 cm x 15 cm, und Hellblau, 8 cm x 12,5 cm
- Streifen in Hellbraun, 1 cm breit, 35 cm lang (Kopf)
- Streifen in Hellbraun, 1,2 cm breit, 49 cm lang (Körper)
- Streifen in Hellbraun, 5 mm breit, 34 cm lang (Ohren)
- Streifen in Rosa, 5 mm breit, 24 cm lang (Ohren)
- Streifen in Hellbraun, 3 mm breit, 16 cm lang (Arme)
- Streifen in Hellbraun, 3 mm breit, 34 cm lang (Füße)
- Streifen in Lila, Orange, Rosa und Rot und je 2 x Gelb und Rotviolett, 3 mm breit, 16 cm lang (Ostereier)
- 4 Streifen in Elfenbein, 3 mm breit, 12 cm lang
- Tonpapierrest in Beige und -karton in Hellblau
- 3 Indianerperlen in Schwarz, ø 3 mm
- Satinband in Hellblau, 3 mm breit, 40 cm lang
- Lochzange

Hinweis

◆ Alle Quillingstreifen sind aus Tonpapier.

◆ Beachten Sie die Grundanleitung zum Quilling auf Seite 36/37.

IDEEN DURCHS JAHR

IDEENPOOL

HENNE UND HÄUSCHEN

Tipps & Tricks

◆ Statt einer Holzblüte kann vor das Häuschen auch ein passender Sticker geklebt werden.

SCHWIERIGKEITSGRAD

MATERIAL
HENNE
- Doppelkarte in Hellgrün, 14,5 cm x 11 cm
- Tonpapier in Blau und Hellgrün, je 14,5 cm x 11 cm, und Rest in Hellblau
- Tonkartonreste in Weiß, Lila, Pink, Gelb, Violett, Rot, Hellblau, Orange, Türkis und Grün-Weiß kariert
- Lackmalstift in Weiß

HÄUSCHEN
- Fotokarton in Weiß, 30 cm x 16 cm
- Tonkartonreste in Pink und Grün
- Lackmalstift in Weiß und Gelstift in Grün
- Holzblume, 4,5 cm hoch

VORLAGE
Seite 142

Henne

1 Den oberen Bereich der Karte mit blauem Tonpapier überkleben, den unteren mit grünem. Die Pop-up-Karte wird wie auf Seite 41 beschrieben gebastelt. Zum Zuschneiden der Stege die Vorlage beachten.

2 Wölkchen und Blüten mit Lackmalstift malen, die Blütenmitten mit Buntstift. Die Einzelteile für die Henne sowie die Eier ausschneiden. Die Henne zusammensetzen, bemalen und zwei Eier vor sie kleben. Die anderen Eier wie auf der Abbildung gezeigt mit Lackmalstiftpunkten versehen und zusammenkleben. Dann die Eierhaufen auf die äußeren Stege und die Henne in die Mitte der Karte setzen. Den hellblauen Papierstreifen um den Hals legen.

3 Das Schild, 12 cm x 1,5 cm, zuschneiden, beschriften, auf pinkfarbenen Karton kleben, mit einem Rand von 2 mm ausschneiden und auf den Rasen kleben. Zwei Eier, sie werden mit kleinen Laschen zugeschnitten, auf dem Rasen befestigen.

Häuschen

1 Die Häuschenform zuschneiden und das Fenster herausschneiden. Das Dach mit pinkfarbenem Karton bekleben und ihn an den Seiten bündig abschneiden.

2 Die Fensterläden zuschneiden, an der gestrichelten Linie falten, sie hinter das Fenster kleben und aufklappen. Dann ein Foto hinter das Fenster – und nach Belieben weitere in die Karte – kleben. Zuletzt die Holzblüte aufsetzen.

IDEEN DURCHS JAHR

FROHE OSTERN

IDEENPOOL

BLÜTENZEIT

Tipps & Tricks

◆ Hinter die Rankenkarte kann ein Foto geklebt werden – eine hübsche Idee auch für besondere Feste.

SCHWIERIGKEITSGRAD
◐◐

**MATERIAL
RANKEN**
- Doppelkarte in Creme, 14,2 cm x 10,3 cm
- Tonpapier in Rot, 14,2 cm x 20,6 cm

SCHMETTERLINGE UND BLÜTEN
- Doppelkarte in Weiß, 17,6 cm x 11,7 cm
- Tonpapier in Gelb, 17,6 cm x 23,4 cm

SONNENBLUMEN
- Doppelkarte in Weiß, 10,1 cm x 14,7 cm
- Tonpapier in Orange, 20,2 cm x 14,7 cm

VORLAGE
Seite 140 + 141

1 Die Karten, alles plastische Scherenschnitte, werden, wie im Workshop auf Seite 39/40 beschrieben, angefertigt.

2 Für die geraden Linien bei der Sonnenblumenkarte kann ein Lineal verwendet werden.

3 Bei den Karten „Ranken" und „Schmetterlinge und Blüten" sind auch Muster aus dem unteren Teil der Karte geschnitten. Hier können Sie Grüße hineinschreiben.

IDEEN DURCHS JAHR

IDEENPOOL

FILIGRANE KUNSTWERKE

Hinweise

◆ Lesen Sie vor dem Nacharbeiten der Karten die Grundanleitung ab Seite 33.

◆ Wie geprickelte Motive herausgeschnitten werden, sehen Sie im Tipp auf Seite 128.

Tipps & Tricks

◆ In die Karte „Spitzenbordüre" kann eine zweite Karte aus blauem Pergamentpapier gelegt werden. Diese wird nur am unteren Rand geprickelt und geschnitten.

SCHWIERIGKEITSGRAD
◉◉◉

MATERIAL
ROSE
◆ Pergamentpapier in Weiß, A4
◆ Dorso-Öl und Dorsofarbe in Rot, Orange und Gelb
◆ Prickelnadel, Stärke 2

SCHMETTERLING
◆ Pergamentpapier in Weiß, A4
◆ Dorso-Öl und Dorsofarbe in Gelb, Braun und Grün
◆ 3D-Kleber
◆ Prickelnadel, Stärke 2

SPITZENBORDÜRE
◆ Pergamentpapier in Weiß, A4
◆ Prickelnadeln, Stärke 1 und 2
◆ weicher Buntstift in Weiß

VORLAGE
Seite 138, 140 + 142

Rose

1 Die Rose wird wie in der Schrittanleitung ab Seite 33 gezeigt mit Federhalter und weißer Tinta gemalt, das Herz mit Dorsofarben eingefärbt und die Blume mit Prägestiften (3 mm, 1,5 mm und 1 mm) ziseliert. Die geprickelte Bordüre mithilfe des Grids (diagonal legen) mit einem Präge- und Perforierstift anfertigen.

2 Nach dem Gestalten des Motivs die Karte zuschneiden und falten.

Schmetterling

1 Die Blüte mit Schmetterling und den Schmetterling separat mit Tinta zeichnen und ziselieren (mit Prägestiften 6 mm, 3 mm, 1,5 mm und 1 mm). Blüte und Blätter vorher mit Dorsofarbe und -Öl gestalten.

2 Den separaten Schmetterling an der Außenkante auf dem Grid prickeln und die Stege mit einer Pinzettenschere durchtrennen. Die Einstiche müssen dafür eng beieinander liegen. Dann den Schmetterling mit 3D-Kleber auf die Blüte setzen.

3 Die Karte falten und die äußere Umrandung – zwei Reihen Löcher versetzt zueinander – prickeln und die äußere mit der Pinzettenschere durchtrennen.

Spitzenbordüre

1 Die Bordüre mit Tinta zeichnen und laut Abbildung ziselieren (mit Prägestiften 6 mm, 3 mm, 1,5 mm und 1 mm).

2 Die punktierten Flächen werden auf einer weichen Unterlage von der Rückseite aus mit der Prickelnadel Stärke 1 unregelmäßig geprickelt und dann mit einem weißen Buntstift von der Vorderseite aus eingefärbt.

3 Die Außenkante sowie die Zwischenräume mit einer Prickelnadel Stärke 2 stechen und dann mit der Pinzettenschere durchtrennen.

IDEEN DURCHS JAHR

IDEENPOOL

SOMMERSONNE

Tipps & Tricks

◆ Geprägte Karten, wie die hier gezeigten, können Sie zu allen Jahreszeiten anfertigen. Stimmen Sie die Prägemotive und Farben des Papiers auf den jeweiligen Anlass ab.

SCHWIERIGKEITSGRAD

**MATERIAL
UNTERWASSERWELT**
- Doppelkarte in Weiß, 11 cm x 18 cm
- Prägeschablone: Unterwasser
- Aquarellfarbe oder wasservermalbare Buntstifte in Blau, Gelb und Lila
- Tonkartonreste in Weiß und Hellblau
- Strohseiderest in Natur

LEPORELLO
- Musterkarton in Blau, A3
- Tonkarton in Weiß, A3
- Fotos
- Geschenkband in Natur, 3 cm breit, 2 x 20 cm lang
- Zierteile: Möwe, Wollknoten, Seesterne, Muschel
- Sand
- Zierrandschere

STRAND UND MEER
- Doppelkarte in Weiß, 15,5 cm x 15,5 cm
- Deckblatt in Weiß, 15 cm x 15 cm
- Musterpapierreste mit Strand- und Wassermotiven
- Metallprägefolienrest in Blau
- Prägeschablonen: „Kreise" und „Wellen"
- 3D-Ziersticker: Strandschuhe, Handtuch, Sonnenbrille, Fische

Unterwasserwelt

1 Einen weißen Papierstreifen mit Unterwassermotiven prägen und diese ganz zart mit wasservermalbaren Buntstiften gestalten (siehe Seite 31).

2 Die Bordüre mit hellblauem Papier doppeln (siehe Seite 24) und dann mit ausgerissener Strohseide auf die Karte setzen.

Leporello

1 Aus dem Musterkarton fünf Rechtecke, 9,5 cm x 21 cm, schneiden und sie mit etwas Abstand zueinander mit Geschenkband zu einem Leporello zusammenfügen.

2 Die Fotos auf jeweils etwas größere Stücke weißen Karton kleben und diesen mit der Zierrandschere ausschneiden. Dann auf dem Leporello laut Abbildung oder eigener Vorstellung verteilen.

3 Mit kleinen Anhängern, Musterkartonreststücken, ausgeschnittenen Personenfotos, Zierteilen, Sand und aus Wolle geknüpften Knoten verzieren.

Strand und Meer

1 In die Karte einen Ausschnitt von 7,5 cm Höhe x 8,5 cm Breite schneiden (2,5 cm vom unteren Rand und 3,5 cm von den Seiten entfernt).

2 Die Metallfolien von Hand oder mit einer Präge- und Schneidemaschine prägen (siehe Seite 31, das geht genauso wie das Arbeiten mit Papier). Dann zuschneiden: die Wellen 9,5 cm x 3 cm, die Kreise 9,5 cm x 4 cm. Auch die Papierstreifen zuschneiden: 9,5 cm x 2 cm.

3 Dann die Papierstreifen und den schmalen Folienstreifen mit Klebefilm von der Rückseite anbringen, dabei von unten nach oben arbeiten und die einzelnen Streifen leicht überlappen lassen. Zuletzt ein Deckblatt darüber kleben.

4 Von vorne mit Klebstoff den breiten Folienstreifen oberhalb des Ausschnittes aufkleben und auf der Karte verteilt passende 3D-Ziersticker fixieren.

IDEEN DURCHS JAHR

IDEENPOOL

HERBSTZEIT

Hinweis

◆ Alle Quillingstreifen werden im angegebenen Maß aus Tonpapier zugeschnitten.

◆ Beachten Sie die allgemeine Anleitung zum Quilling auf Seite 36/37.

SCHWIERIGKEITS-GRAD
◎◎◎

**MATERIAL
IGEL**

- Tonkarton in Hellgrün, 20,5 cm x 20,5 cm
- Tonkartonreste in Dunkelrot, Braun und Gelb
- Tonpapierreste in Weiß und Schwarz
- Streifen in 9 x Dunkelrot, 4 x Beige, 10 x Orange, 6 x Hellgrün, 4 x Braun, 3 mm breit, 16 cm lang
- 2 Streifen in Braun, 1 cm breit, 31,5 cm lang
- Papierdraht in Gelb, ø 2 mm, 50 cm lang
- Lochzange

SONNENBLUMEN

- Tonkarton in Elfenbein, 20,5 cm x 20,5 cm
- Tonkartonreste in Gelb, Orange und Hellgrün
- Streifen in 42 x Gelb, je 26 x Orange und Braun, 17 x Grün, 3 mm breit, 16 cm lang
- Bast in Gelb und Grün, je 50 cm lang

Igel

1 Den hellgrünen Tonkarton knicken. Aus dem roten Tonkarton ein Rechteck von 8,5 cm x 15,5 cm, aus dem gelben ein Rechteck von 7,5 cm x 14,5 cm schneiden.

2 Die Igelteile quillen:
Köpfe: je 2 Streifen zusammenkleben, auf 1,3 cm aufspringen lassen und zum Dreieck formen.
Körper: den breiten braunen Streifen 8 mm tief einschneiden, quillen, die Enden verkleben und die Fransen nach außen biegen.
Nase: ½ x Braun auf 3 mm aufspringen lassen.
Für die Augen je einen weißen (ø 5 mm) und einen schwarzen Kreis (ø 3 mm) ausstanzen.

3 Nun die Einzelteile für die Blätter quillen:
Kastanienblatt (dunkelrot): 3 x 2 Streifen zusammenkleben, auf 1,4 cm und 2 x 1 Streifen auf 1,1 cm aufspringen lassen. An einem Ende knicken. Der Stiel ist 2 cm lang.
Ahornblatt (orange): 3 x 2 Streifen zusammenkleben, auf 1,5 cm und 2 x 1 Streifen auf 1,1 cm aufspringen lassen. Zu einer Raute formen. Der Stiel ist 2 cm lang.
Braune Blätter: 2 x 2 Streifen zusammenkleben und auf 1,4 cm aufspringen lassen. Die Stiele sind je 1 cm lang.
Grünes Blatt: 5 x 1 Streifen auf 1 cm aufspringen lassen. Der Stiel ist 2,5 cm lang.

4 Alle Teile laut Abbildung auf die Karte kleben. Den oberen und unteren Rand mit schmalen Papierstreifen schmücken und den Papierdraht um die Karte binden. Die Enden zum Locken um einen Bleistift wickeln.

Sonnenblumen

1 Den elfenbeinfarbenen Tonkarton knicken. Auf der Vorderseite der Karte die Rechtecke in Gelb (19,5 cm x 9,5 cm), in Orange (18,5 cm x 8,5 cm) und in Hellgrün (17,5 cm x 7,5 cm) mittig aufkleben.

2 Für die Blütenmitten der Sonnenblumen rechts und links 4 braune, 3 gelbe, 2 orangefarbene und 2 braune Streifen aneinander kleben und eng aufwickeln wickeln. Die Enden festkleben.

3 Die mittlere Blütenmitte besteht aus 3 braunen, 2 gelben, 1 orangefarbenen, 1 gelben und 1 braunen Streifen. Aneinanderkleben und quillen.

4 Für die zwei kleinen Blütenmitten 2 braune, 1 gelben, 1 orangefarbenen und 2 braune Streifen aneinanderkleben und quillen.

5 Die Blütenblätter bestehen je aus 1 Streifen. Diesen auf 1 cm aufspringen lassen und an einem Ende zusammendrücken.

6 Für die sieben großen grünen Blätter je 2 Streifen zusammenkleben und formen. Das kleine Blatt aus 1 Streifen quillen und auf 1,2 cm aufspringen lassen. Für die Stiele 3 x 6 cm und 2 x 4 cm lange Stücke zuschneiden.

7 Alle Teile laut Abbildung auf die Karte kleben.

118

IDEEN DURCHS JAHR

IDEENPOOL

ENGEL, RENTIER UND GLÜCKSBRINGER

Hinweise

◆ Zum Malen der Motive geeignet sind zum Beispiel die Farben „Art Acryl Aqua", „Shadow-paint-Farbe" oder Aquarellfarbe.

◆ Den Konturen-Liner erhalten Sie im Fachhandel auch unter den Namen Mask-Liner oder Shadow-Liner.

SCHWIERIGKEITSGRAD
◎◎

MATERIAL
ENGEL
- Doppelkarte in Gold, 18 cm x 11,5 cm
- Aquarellpapierrest in Weiß
- Transparentpapierrest in Weiß
- Pinsel und Farben in Blau, Hellblau, Hellbraun, Gelb, Hautfarbe, Orange und Rosa
- Konturen-Liner
- Malspitze, ø 0,3 mm

RENTIER
- Doppelkarte in Weiß, 11 cm x 16,7 cm
- Aquarellpapierrest in Weiß
- Pinsel und Farben in Rot, Orange, Gelb, Hellbraun, Schwarz, Hellgrün, Hellblau, Blau, Violett, Magenta und Dunkelgrün
- Konturen-Liner
- Malspitze, ø 0,3 mm

GLÜCKSBRINGER
- Doppelkarte in Weiß, 14 cm x 14 cm
- Tonkarton in Silber, 9 cm x 9 cm
- Aquarellpapierrest in Weiß
- Pinsel und Farben in Rosa, Magenta, Hellgrün, Grün, Rot, Ocker und Grau
- Konturen-Liner
- Malspitze, ø 0,3 mm

VORLAGE
Seite 138 + 139

1 Die Motive werden in der Technik „KonturColor" (Shadowpainting) wie auf Seite 65 beschrieben auf Aquarellpapier gemalt. Die schwarzen Linien mit Fineliner zeichnen.

2 Das Engelchen mit etwas Abstand zur Farbfläche ausschneiden und auf die goldene Karte kleben. Den Briefumschlag aus Transparentpapier falten, mit Klebestift zusammenkleben und in die Hand geben. Dafür zwischen den zwei Händen einen Einschnitt machen.

3 Das Rentier mitsamt des grünen Hintergrundes ausschneiden und auf die Doppelkarte kleben.

4 Die Motive für die Neujahrskarte separat malen, ausschneiden und auf das silberfarbene Papierquadrat kleben. Dieses mittig auf die Karte setzen.

IDEEN DURCHS JAHR

IDEENPOOL

WEIHNACHTSGRÜSSE

Tipps & Tricks

◆ Die Karte „Weihnachtsfoto" ist in wenigen Minuten gebastelt und eignet sich auch für Serienproduktionen.

SCHWIERIGKEITSGRAD

**MATERIAL
FALTBRIEF**
- Cardstockpapier in Weinrot, 14,8 cm x 10,5 cm und Rest in Olivgrün
- Scrapbookpapierrest in Creme-Grün gestreift
- 4 Konturensticker in Gold: Ecke, ca. 2 cm lang
- Stempel: Frohe Weihnachten, 9,5 cm hoch
- Pigmentstempelfarbe und Embossingpulver in Gold

FOTOKARTE
- Doppelkarte aus Cardstockpapier in Dunkelgrün, 11,5 cm x 17 cm
- Cardstockpapierrest in Rot
- Foto
- Konturensticker in Gold: Schneeflocken und Sterne
- Motivstanzer: Kreis, ø 2,5 cm
- Eyelet in Gold
- Holzstreuteile: Weihnachtsmix

VORLAGE
Seite 135

Faltbrief

1 Das Cardstockpapier zuschneiden und an den markierten Stellen falten.

2 Die linke Lasche mit Scrapbookpapier und Konturenstickern bekleben und die Tannen aufsetzen (die kleine mit Abstandspads).

3 Auf die rechte Lasche den Schriftzug stempeln, ihn embossen (siehe Seite 61) und etwas goldene Stempelfarbe darum herum verwischen.

Fotokarte

1 Das Foto und ein Stück Cardstockpapier laut Vorlage zuschneiden und mit einer Öse auf der Karte anbringen (siehe Seite 53).

2 Kreise ausstanzen und auf der Karte verteilt festkleben. Mit weihnachtlichen Holzteilen schmücken und die restliche Karte mit Konturenstickern verzieren.

IDEEN DURCHS JAHR

123

IDEENPOOL

VÖGEL, TANNE, STERN UND KERZE

Tipps & Tricks

◆ Die Karte mit Vögeln können Sie mit anderen 3D-Motivbildern beliebig abwandeln.

SCHWIERIGKEITSGRAD
◐

MATERIAL
TANNE
- Doppelkarte in Weinrot, 11,5 cm x 17 cm
- Deckblatt in Weinrot, 10,5 cm x 16 cm
- Künstlerkarton in Rot, 11,5 cm x 14,7 cm
- Nadel und Metallicfaden in Metallicgrün und Gold
- Konturensticker in Gold: „Frohe Weihnachten"

STERN
- Doppelkarte in Creme, 11,5 cm x 17 cm
- Deckblatt in Creme, 10,5 cm x 15 cm
- Nadel und Metallicfaden in Gold
- Konturensticker in Gold: „Frohe Weihnachten" und Sterne

KERZE
- Doppelkarte in Weiß, 11,5 cm x 16 cm
- Deckblatt in Weiß, 10,5 cm x 15 cm
- Nadel und Spitzenhäkelgarn in Nachtblau, Rot, Metallicgrün und Gelb

VÖGEL
- Doppelkarte in Hellgrün, 15,6 cm x 11,1 cm
- Tonkartonreste in Wasserblau, Weiß, Dunkelblau und Hellgrün
- Zierrandschere
- 3D-Motivbild: Vögel
- Queree®-Stanzer: Viereck
- Nadel und Nähgarn in Weiß
- Gelstift in Weiß und Blau
- Buntstifte in Braun und Grün

VORLAGE
Seite 134

Stern, Tanne und Kerze

1 Die Fadengrafiken werden wie auf Seite 45 beschrieben gestickt. Die Stickanweisungen bei den Vorlagen beachten. Direkt auf der Karte sticken oder auf ein extra Papierstück, das dann aufgeklebt wird.

2 Die Karte nach Belieben mit Konturenstickern verzieren.

Vögel

1 Den dunkelblauen Karton auf 14,5 cm x 10 cm, den wasserblauen auf 15 cm x 10,5 cm zuschneiden. Die dunkelblaue Karte gestalten: den Rand mithilfe der Mustervorlage und der Anleitung auf Seite 46 stanzen und sticken (vor dem Prickeln die Löcher mit hellgrünem Papier hinterkleben).

2 Den weißen Karton mit der Zierrandschere schräg zuschneiden, auf die Karte kleben und bündig abschneiden. Das 3D-Motiv aufsetzen (siehe Seite 38) und die Karte mit Buntstiften und Gelstiftpunkten und Stiften gestalten.

3 Die Karten auf die Doppelkarte kleben.

IDEEN DURCHS JAHR

IDEENPOOL

STERNE UND WEIHNACHTSKUGELN

Hinweis

◆ Zum Ausschneiden der runden Ausschnitte für die Weihnachtskugeln können Sie einen Kreisschneider verwenden, fragen Sie Ihren Fachhändler nach diesem hilfreichen Werkzeug.

SCHWIERIGKEITSGRAD
◐◐

**MATERIAL
JE KARTE MIT STERN**
◆ Doppelkarte in Weiß, 10,7 cm x 18 cm
◆ Glanzfolie in Lila-Gold oder Rot-Gold

WEIHNACHTSKUGELN
◆ Doppelkarte in Weiß, 16,8 cm x 12 cm
◆ Deckblatt in Weiß, 16 cm x 11 cm
◆ Glanzpapierreste in Rot, Gold, Grün und Grün-Gold gemustert
◆ Tonzeichenpapierreste in Rot, Grün und Grau
◆ Pergamentpapierrest in Weiß
◆ Stickgarn in Rot
◆ Glasherzen in Rot, 1 x 1 cm und 2 x 7 mm hoch
◆ dünner Draht in Gold, 3 x 10 cm lang
◆ Schleifenband in Rot, 3 mm breit, 3 x 15 cm lang
◆ Embossing-Pulver in Grün
◆ Pigmentfarben-Stempelkissen in Grün
◆ Schriftstempel: Frohe Weihnachten, 8,5 cm lang
◆ 2 Brads in Gold, ø 4 mm

VORLAGE
Seite 131 + 136

Sterne

Die Sterne werden im Klappschnitt wie auf Seite 25 beschrieben aus Glanzfolie angefertigt und anschließend auf eine Karte geklebt. Nach Belieben kann diese mit Schriften-Konturenstickern wie bei den Fadengrafik-Karten auf Seite 125 verziert werden.

Weihnachtskugeln

1 Diese Karte wird in Patchwork-Optik erstellt, beachten Sie dazu die Anleitung auf Seite 27. In die Kartenfront drei kreisförmige Ausschnitte schneiden: ø 5 cm, ø 3,8 cm und ø 2,5 cm. Dabei an der Abbildung orientieren.

2 Die Papierquadrate und -streifen nach der Grundanleitung und der Vorlage zuschneiden und nach den Zahlenangaben legen. Auf der Rückseite mit Klebefilm fixieren.

3 Für die Kugelaufhänger die Drahtstücke in der Mitte rund legen und die Drahtenden durch eingestochene Löcher oberhalb der Kugeln zur Rückseite durchstecken. Dort mit Klebefilm fixieren. Aus grauen, 5 mm breiten Papierstreifen Trapezformen schneiden und zwischen Kugel und Drahtaufhängung kleben.

4 Rotes Stickgarn (zweifädig) durch die Drahtaufhängung zur Karteninnenseite führen und dort mit Klebefilm fixieren. Das Deckblatt zum Verdecken der Patchworkarbeiten auf die Innenseite kleben.

5 Drei Schleifen aus Satinband legen und in der Mitte mit Stickgarn abbinden. Laut Abbildung festkleben und mit einem Herzchen schmücken.

6 Den Schriftzug auf Pergamentpapier stempeln und embossen (siehe Seite 61). Danach das Papier auf die gewünschte Größe reißen und mit zwei Brads unterhalb der Kugeln befestigen (siehe Tipp Seite 53).

IDEEN DURCHS JAHR

127

IDEENPOOL

WINTERLANDSCHAFTEN

Tipps & Tricks

◆ Zum Herausschneiden des geprickelten Motivs wird eine Pinzettenschere verwendet (siehe Materialbild Seite 33 rechts oben). Deren Spitzen in die nebeneinander liegenden Löcher setzen und die Schere seitlich abkippen – so wird der schmale Steg durchtrennt.

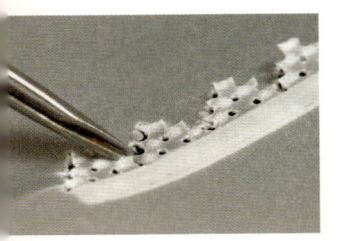

◆ Damit die Karte beim Herausschneiden der Flächen nicht versehentlich zerreißt, werden zuerst die Innenflächen herausgetrennt, dann die Außenkanten geschnitten.

SCHWIERIGKEITSGRAD
◆◆◆

MATERIAL
SCHNEEMANN
- Pergamentpapier, A4
- Prickelnadeln, Stärke 1
- weicher Buntstift in Weiß

SCHLITTENFAHRT
- Pergamentpapier, A4
- Dorso-Öl und Dorsofarbe in Grün, Weinrot, Braun, Hell- und Dunkelblau und Hellgrün
- Prickelnadel, Stärke 1 und 2

EISKRISTALLE
- Tonkarton in Hellblau, 20,5 cm x 15 cm
- Batikpapier in Türkis mit silbernen Spiralen, 20,5 cm x 20,5 cm
- Tonpapierstreifen in 39 x Türkis und 33 x Weiß, 3 mm breit, 16 cm lang
- Satinband in Weiß, 3 mm breit, 54 cm lang
- 3 Schmucksteine in Transparent, ø 5 mm

VORLAGE
Seite 131

Schneemann

1 Beachten Sie die allgemeine Anleitung auf Seite 33 und legen Sie die dort aufgeführte Grundausstattung bereit. Die Figur und den äußeren Rand mit Tinta zeichnen und laut Abbildung ziselieren (mit Prägestiften 6 mm, 3 mm, 1,5 mm und 1 mm). Die Mützenrand und die Bommel wie bei der Karte „Spitzenbordüre" auf Seite 114 beschrieben prickeln und mit Buntstift färben.

2 Das Schneeflockenmuster mithilfe eines Prägestiftes von der Rückseite aus auf dem Grid prägen, dann Karte und Grid wenden und die restlichen Löcher auf einer weichen Unterlage stechen (mit Prickelnadel Stärke 2).

3 Die Karte falten und zuschneiden.

Schlittenfahrt

1 Die Figuren, die Landschaft, das Rautenmuster und den Rand mit Tinta zeichnen und die Landschaft laut Abbildung mit Dorsofarben gestalten. Tannenzweige und Häuserdächer ziselieren (mit Prägestiften 6 mm, 3 mm, 1,5 mm und 1 mm).

2 Die Karte so auf das Grid kleben, dass sich zwischen den Rautenlinien Löcher befinden. Die Außenkante sowie die Zwischenräume mit einer Prickelnadel Stärke 2 stechen und dann mit der Pinzettenschere durchtrennen (siehe Tipp).

Eiskristalle

1 Tonkarton und Batikpapier knicken und ineinander legen. Das Satinband herum binden und die Enden mit Schmucksteinen bekleben.

2 Für jeden Stern 6 x zwei Streifen in Türkis bzw. Weiß zusammenkleben und auf 1,5 cm aufspringen lassen. Zu Rhomben formen.

3 Anschließend neun Streifen der jeweils anderen Farbe halbieren, die 18 Kreise quillen und auf einen Durchmesser von 3 mm aufspringen lassen.

4 Für die Außenränder der Kristalle je drei Streifen halbieren, in der Mitte knicken, ca. 1 cm gerade stehen lassen und den Rest quillen (auf 3 mm aufspringen lassen).

5 Die Kristalle laut Abbildung zusammenkleben, die Schmucksteine aufsetzen und die Kristalle auf der Karte anbringen.

IDEEN DURCHS JAHR

VORLAGEN

Hinweis

◆ Die Vorlagen sind zum Teil verkleinert abgebildet. Mit dem angegebenen Kopierfaktor können Sie aber leicht auf Originalgröße vergrößert werden.

Papier-Patchwork
Seite 27

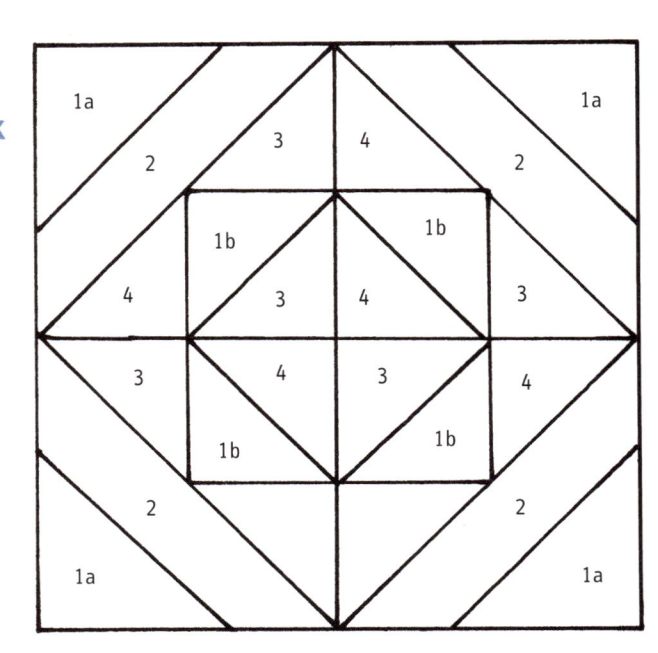

Klappschnitt
Seite 25

Fische
Seite 28

Garten-Patchwork
Seite 29

VORLAGEN

Scheren-schnitt-Storch

Seite 43
Vorlage auf 200% vergrößern

Schmetterling

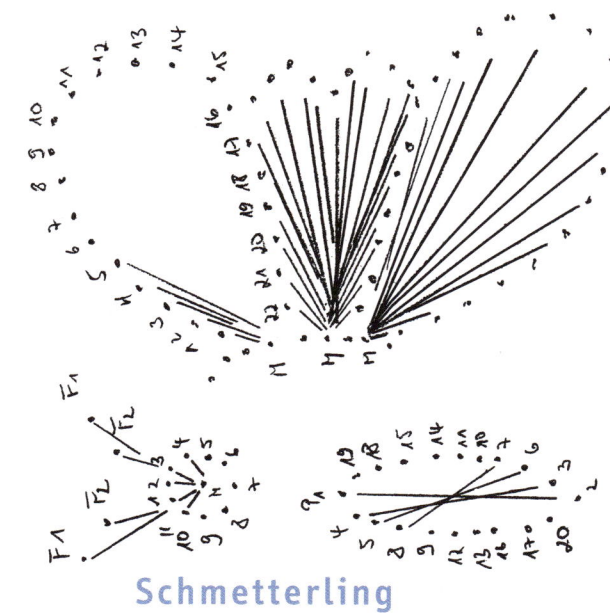

Seite 44/45

Winter-land-schaften

Schneemann
Seite 129

Weihnachts-kugeln

Seite 127

Winterland-schaften

Schlittenfahrt
Seite 129
Vorlage auf 200% vergrößern

131

VORLAGEN

KonturColor-Karte
Seite 65

Zwei Herzen
Seite 48

Gnom
Seite 49

Schlafender Junge
Seite 49

132

VORLAGEN

Blumen
Seite 66
Vorlage auf 200% vergrößern

Zur Hochzeit
Silberhochzeit
Seite 73

Herz und Blumen
Rosen
Seite 85

Blumen
Seite 66

Trauerkarten
Herzliches Beileid
Seite 89

Zur Hochzeit
Grüne Hochzeit
Seite 73

Zu kirchlichen Anlässen
Sonnenaufgang
Seite 83

Pop-up-Karte
Seite 39
Vorlage auf 200% vergrößern

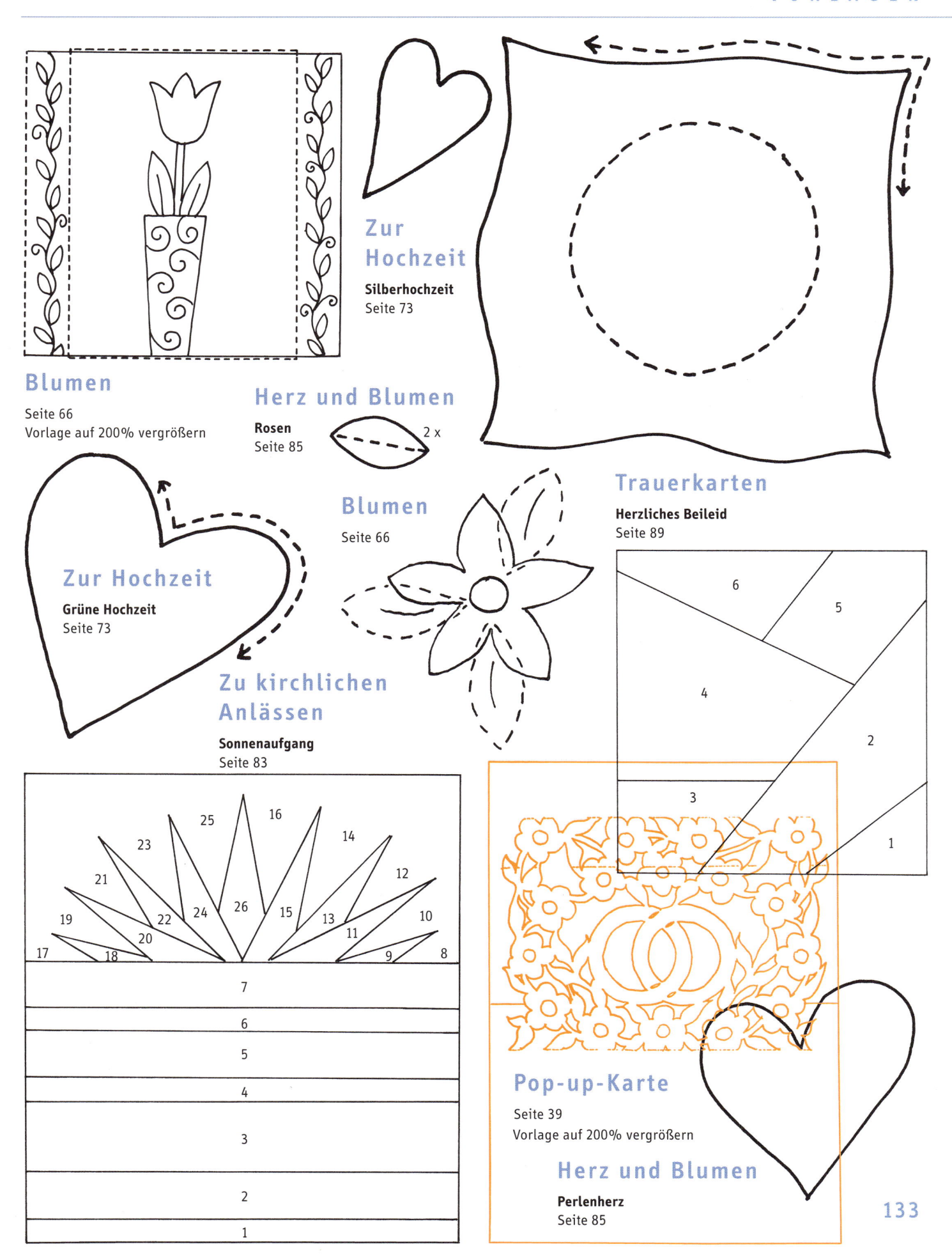

Herz und Blumen
Perlenherz
Seite 85

133

VORLAGEN

Bunte Tierwelt

Affen
Seite 92

Vögel, Tanne, Stern und Kerze

Seite 125
Vorlage auf 200% vergrößern

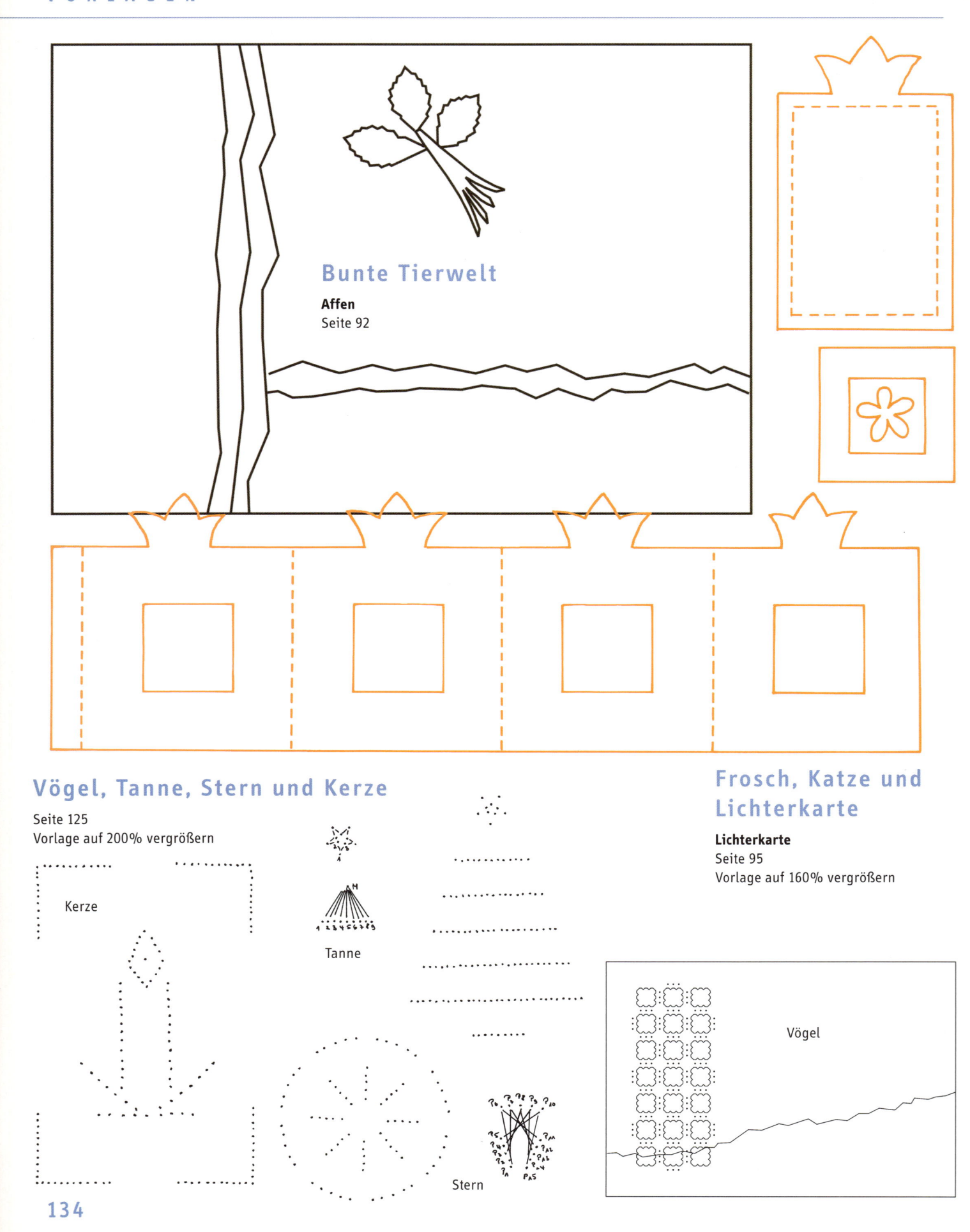

Kerze

Tanne

Stern

Frosch, Katze und Lichterkarte

Lichterkarte
Seite 95
Vorlage auf 160% vergrößern

Vögel

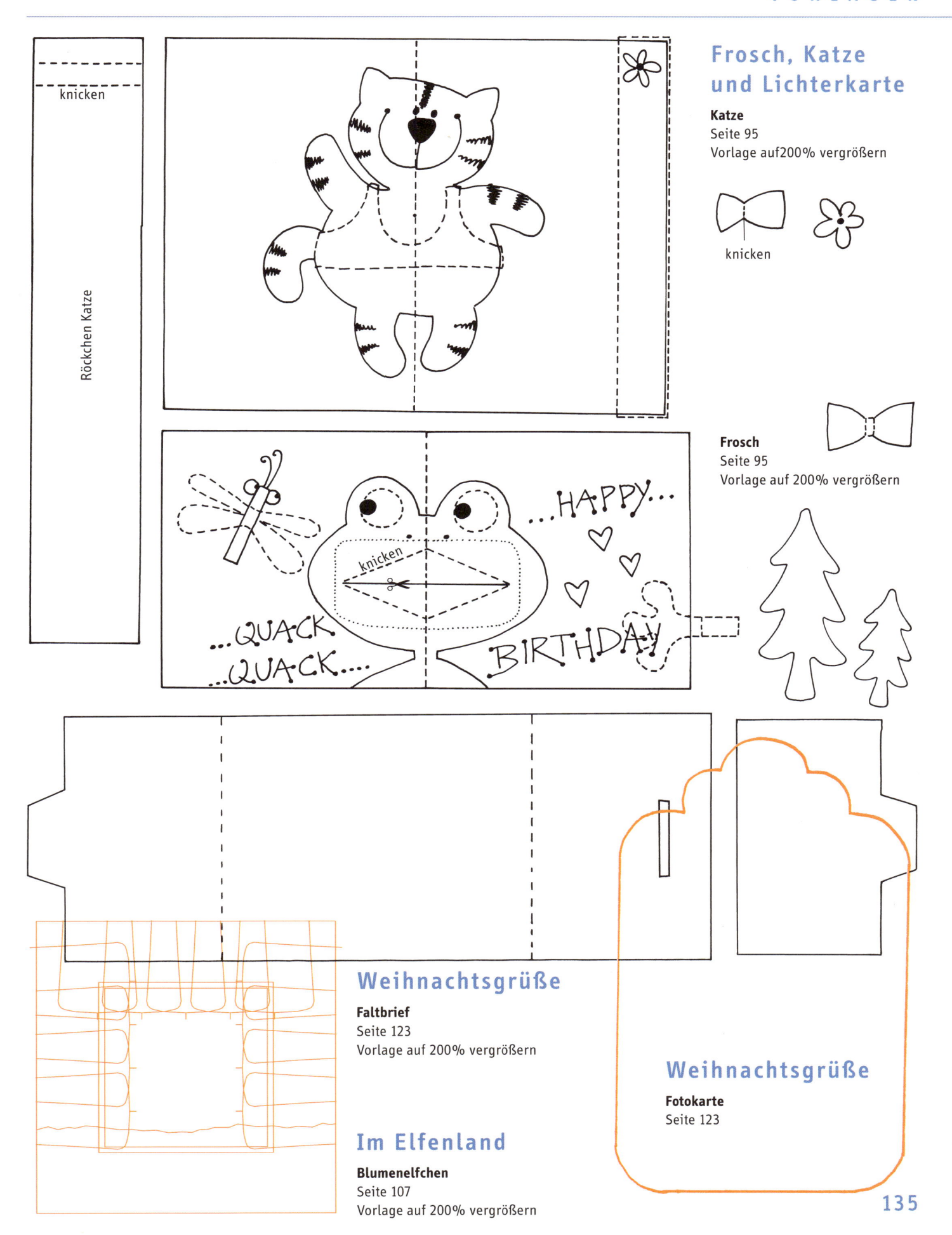

VORLAGEN

Frosch, Katze und Lichterkarte

Katze
Seite 95
Vorlage auf 200% vergrößern

knicken

Frosch
Seite 95
Vorlage auf 200% vergrößern

knicken

Röckchen Katze

QUACK QUACK... ...HAPPY... BIRTHDAY

Weihnachtsgrüße

Faltbrief
Seite 123
Vorlage auf 200% vergrößern

Im Elfenland

Blumenelfchen
Seite 107
Vorlage auf 200% vergrößern

Weihnachtsgrüße

Fotokarte
Seite 123

135

VORLAGEN

Karten mit Herz
Faltbrief
Seite 97
Vorlage auf 160% vergrößern

Sterne und Weihnachtskugeln
Sterne
Seite 127
Vorlage auf 160% vergrößern

Einladung
Seite 57

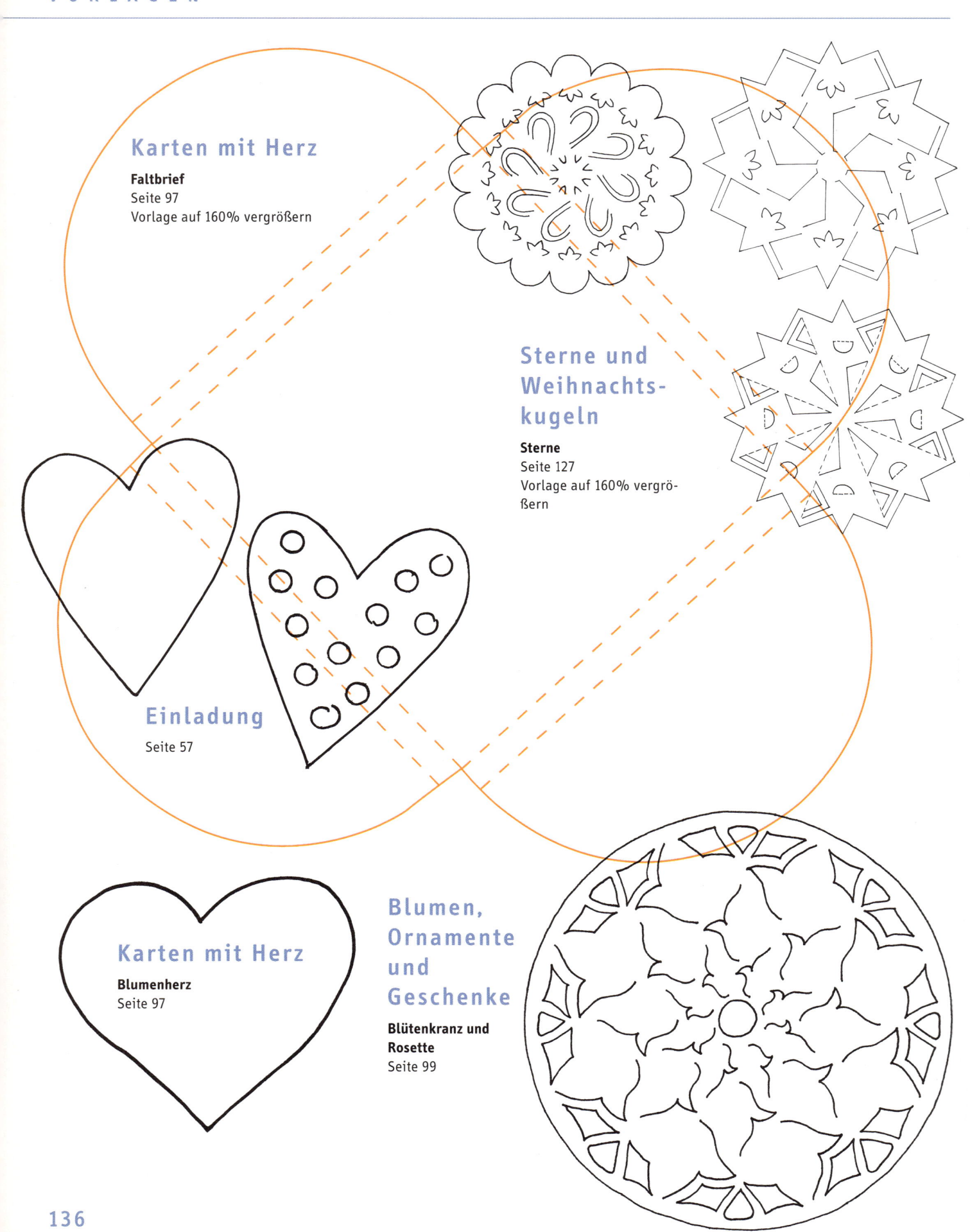

Karten mit Herz
Blumenherz
Seite 97

Blumen, Ornamente und Geschenke
Blütenkranz und Rosette
Seite 99

136

VORLAGEN

Blumen, Ornamente und Geschenke

Folklore
Seite 99

Einladungen mit Herz und Stil

Herz
Seite 101
Vorlagen auf
200% vergrößern

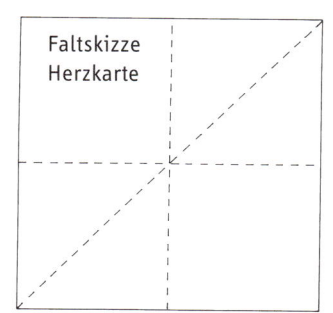

Faltskizze Herzkarte

Blumen, Ornamente und Geschenke

Blütenkranz und Rosette
Seite 99

Einladungen mit Herz und Stil

Grüne Karte
Seite 101
Vorlage auf 200% vergrößern

137

VORLAGEN

Sonne, Schmetterling und Torte

Sonne
Seite 103

Filigrane Kunstwerke

Rose
Seite 115

Engel, Rentier und Glücksbringer

Rentier
Seite 121
Vorlage auf 200% vergrößern

Sonne, Schmetterling und Torte

Torte
Seite 103
Vorlage auf 120% vergrößern

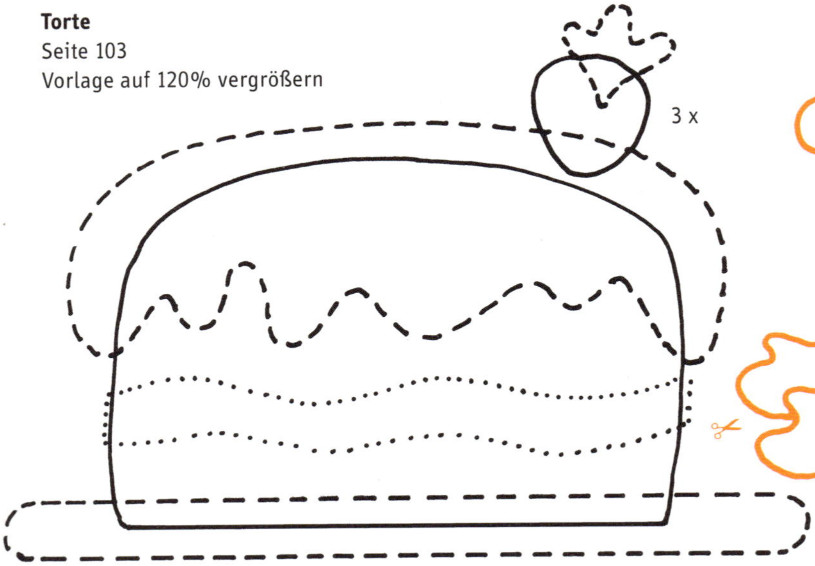

3 x

Engel, Rentier und Glücksbringer

Engel
Seite 121

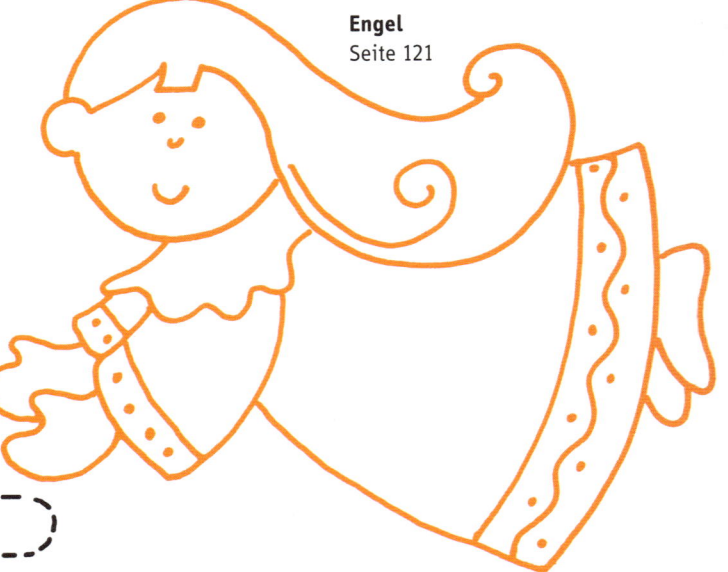

VORLAGEN

Sonne, Schmetterling und Torte

Torte
Seite 103
Vorlage auf 200% vergrößern

Torte
Seite 103
Vorlage auf 120% vergrößern

1 cm

7 cm

30 cm

Schmetterling
Seite 103

15 cm

Engel, Rentier und Glücksbringer

Glücksschein
Seite 121

Engel, Rentier und Glücksbringer

Seite 121

Engel, Rentier und Glücksbringer

Engel
Seite 121

Mädchen mit Panda und Ente

Seite 42

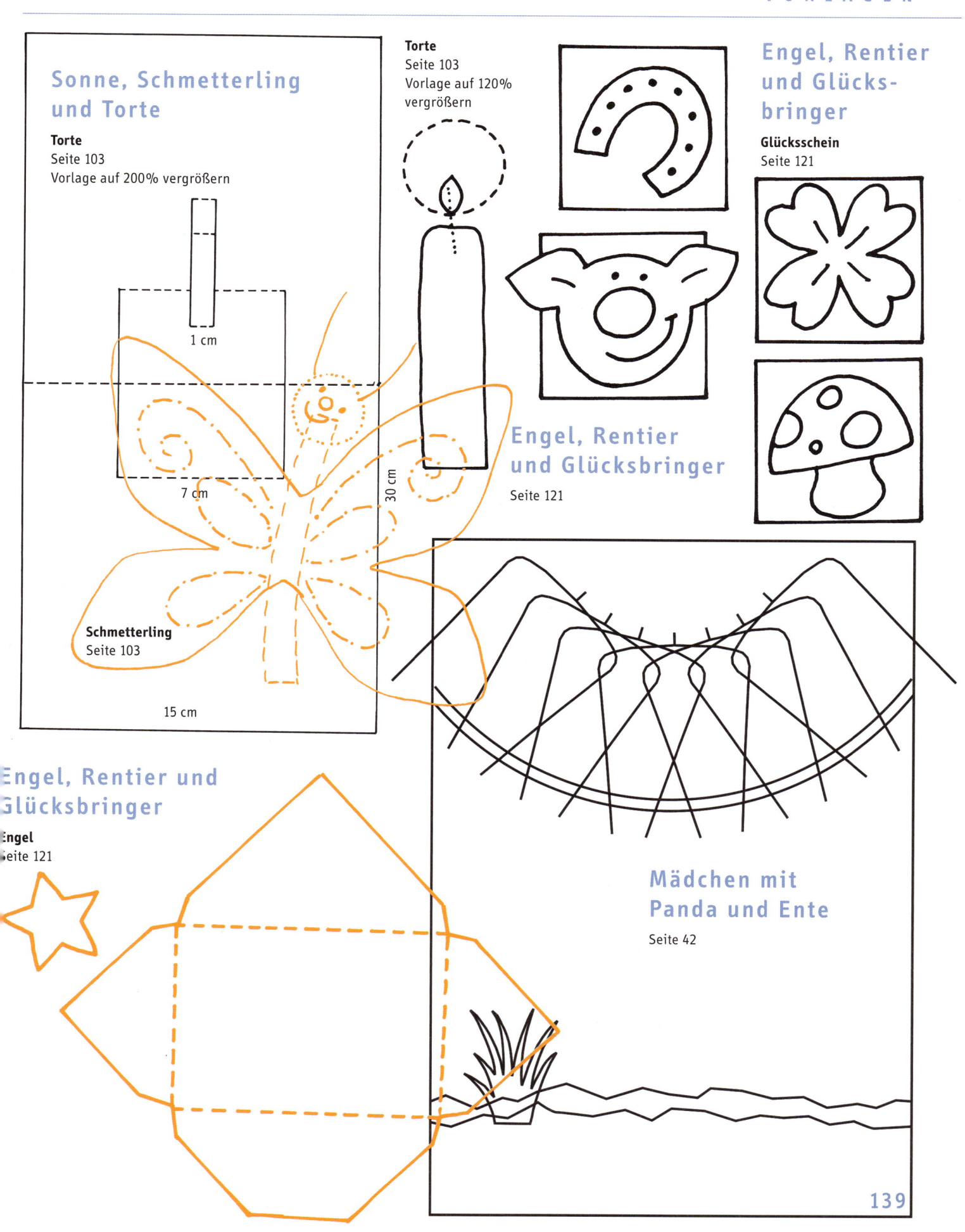

139

VORLAGEN

Blütenzeit
Rote Karte
Seite 113
Vorlage auf 200% vergrößern

Filigrane Kunstwerke
Schmetterling
Seite 115

Filigrane Kunstwerke
Spitzenbordüre
Seite 115

140

VORLAGEN

Im Elfenland
Elf
Seite 107

Blütenzeit
Schmetterlingwiese
Seite 113
Vorlage auf 200% vergrößern

Im Elfenland
Elfenkinder
Seite 107

Blütenzeit
Sonnenblumen
Seite 113
Vorlage auf 200% vergrößern

141

VORLAGEN

Henne und Häuschen

Häuschen
Seite 111
Vorlage auf 160% vergrößern

knicken

knicken

knicken

knicken

2 x

FROHE OSTERN

Schal

Henne und Häuschen

Henne
Seite 111

10 x

2 x

Filigrane Kunstwerke

Seite 115

142

AUTOREN

Ines Albilt, geboren in der Schweiz, lebt mit ihrer Familie seit mehr als 25 Jahren in Deutschland in der Nähe der schönen Dreiflüssestadt Passau. Sie hat kein Studium in künstlerischen Fächern geleistet, sondern alles selbst erlernt. Bei ihren Karten finden die verschiedensten Techniken Anwendung: beispielsweise Papier-Patchwork, Stempeln, Gestalten mit Schrumpffolie und Collagen aus Fundstücken. Weitere Informationen zu ihren Arbeiten erhalten Sie unter www.inalbo.de.

Elisabeth Eder, der Vater war in jungen Jahren ein begeisterter Spielzeug- und Segelboot-Bastler; und unter den Händen der Mutter entstanden wunderschöne Handarbeiten. – So hat sie die Liebe zum Basteln wohl geerbt. Gefördert wurde ihr Interesse daran durch ihre Zeichen- und Werklehrerin Schwester Constantia im Gymnasium in Wettenhausen. Später gab sie in der näheren und weiteren Umgebung von Dollnstein immer wieder Mal- und Bastelkurse. Eine Zusammenstellung ihrer Arbeiten finden Sie auf der Homepage www.basteln-mit-elisabeth.de.

Anett Friske ist verheiratet und lebt in der Nähe von Düsseldorf. Ihre Begeisterung für kreative Dinge entdeckte sie bereits im Grundschulalter. Seitdem gestaltet sie mit Vorliebe Grußkarten mit der Fadengrafik und fertigt Kreuzstich-Stickereien an. Mit dem Eintritt ins Berufsleben wurde die Zeit knapper, aber die Freude und der Spaß am Hobby sind geblieben: Inzwischen verkauft sie ihre Grußkarten auch für gemeinnützige Zwecke. Beispiele finden Sie unter www.creativkarten-stickereien.de.

Wolfgang Hein lebt und arbeitet in Hagen/Westfalen. Seine Ausbildung zum Schaufenstergestalter und sein Studium zum Foto-Designer ermöglichen es dem Inhaber und kreativen Kopf des Stempelversandes „Heindesign" seit 20 Jahren, dem Stempeln immer neue kreative Seiten abzugewinnen. Durch die Zusammenarbeit mit der schwedischen Designerin Barbara Bunke entstanden nicht nur wunderschöne Stempelmotive, sondern wurde auch der Stil seiner Karten und Bilder beeinflusst. Wolfgang Hein gibt Workshops und Kurse im In- und Ausland. Auf der Webseite www.heindesign.de finden Sie weitere Beispiele seiner Arbeit.

Uschi Heller lebt mit ihrem Mann und drei Kindern in der Nähe von Aschaffenburg. Gelernt hat sie Sozialversicherungsfachangestellte, aber die Kreativität gab Ausschlag für die heutige Beschäftigung: Seit etwa 13 Jahren hat sie einen Bastelladen, der in den letzten Jahren immer größer geworden ist. Hier gibt sie regelmäßig Kurse. Seit vier Jahren ist sie dem Scrapbooking verfallen. Alles, was mit Papier zusammenhängt, inspiriert sie unheimlich. Dann sprudeln die Ideen einfach so. Von Fotoalben über Miniscraps, einfach und auch aufwendige Karten, nichts ist vor ihr sicher. Es mache einfach unheimlich Spaß. Mehr erfahren Sie unter www.steckenpferdchen.net.

Pia Pedevilla lebt in Bruneck (Südtirol). Sie studierte Kunst in Gröden und Werbegrafik in Urbino. Seit Jahren ist sie im Bereich der Illustration und des Designs für Kinder tätig, entwirft Holz- und Stoffspielzeug, didaktische Spiele für Kinder im Vorschulalter, Lichtobjekte und Teppiche. Viele Jahre hat sie an der Grundschule mit Kindern gebastelt und gemalt. Heute leitet sie Fortbildungskurse für Lehrer, interessierte Erwachsene und Kinder. Im frechverlag hat sie mehrere Bücher über verschiedene Arbeitstechniken veröffentlicht. Mehr erfahren Sie unter www.piapedevilla.com.

AUTOREN

Gudrun Schmitt wurde 1963 in Fulda geboren und hat vier, in der Zwischenzeit schon fast erwachsene Kinder. Sie hat schon immer gerne gemalt und gebastelt; das Vorbild waren die Eltern, die bis heute mit viel Freude und Fantasie kreative Dinge herstellen. Nach dem Schulabschluss erlernte sie den eigentlich unkreativen Beruf der Bankkauffrau. Nach der Geburt des ersten Sohnes flammte aber die Leidenschaft zum Basteln wieder auf. In den folgenden Jahren leitete sie Kinderkreativkurse und Seidenmalkurse in verschiedenen Familienbildungsstätten. 1998 erschien in Zusammenarbeit mit ihrer Schwester das erste Kreativbuch im frechverlag.

Nellie Snellen, 57 Jahre alt, ist bereits seit 35 Jahren mit ihrem Mann Ben verheiratet und stolze Mutter von drei Kindern, Oma von drei Enkeln und Besitzerin von drei Hunden. Ihre Hobbies sind das Kartenbasteln und das Entwickeln neuer Hobbytechniken. Auf etwa 20 kann sie bereits zurückblicken, darunter die im Buch gezeigten „Double Die", „Reflekta", „Queree" und „Punch & Stitch". Nellie entwickelt auch die passenden Schablonen, Stanzer und andere Hilfsmittel und ist Autorin vieler Bücher über das Kartengestalten. Mehr erfahren Sie unter www.nellies-choice.com.

Heike Wolf ist verheiratet und Mutter zweier Söhne. Sie hat ihr Hobby zum Beruf gemacht und arbeitet seit einigen Jahren für ein großes Unternehmen der Hobby- und Bastelbranche. So hat sie einen ständigen Kontakt zu Bastlern und Fachhändlern und weiß stets, was es Neues auf den Materialmarkt gibt und welche Trends kommen. Neben Pergamentkunst beschäftigt sie sich auch mit Scrapbooking, diversen Kartentechniken, Stempeln und Schmuck. Inspirationen findet sie überall, getreu dem Motto: „Die Welt steckt voller Inspiration, man muss nur mit offenen Augen durchs Leben gehen!"

Wir danken den Firmen efco Hobbyprodukte GmbH (Rohrbach), Fiskars Brands Germany GmbH (Herford), Kars & Co. B.V. (Ochten/NL), Knorr Prandell GmbH (Lichtenfels), C.Kreul GmbH & Co. KG (Hallerndorf) und Rayher GmbH (Laupheim) für die freundliche Unterstützung mit Materialien und Werkzeugen.

IMPRESSUM

KONZEPT, PROJEKTMANAGEMENT UND LEKTORAT: Monique Rahner
GESTALTUNG UMSCHLAG: Annette Vogt, red.sign, Stuttgart
GESTALTUNG INHALT: Heike Wenger
FOTOS: frechverlag GmbH, 70499 Stuttgart; Margarete Vogelbacher (Seite 36 (Arbeitsschritte) und 37 (gelbe Quillingformen und Fransenblumen), Fotostudio Ullrich & Co., Renningen (alle anderen Modell-, Material- und Schrittfotos, Titelseite)
DRUCK UND BINDUNG: DELO-Tiskarna d.d., Ljubljana
Schrittanleitungen und Modelle: I. Albilt (Seite 19 oben, 27, 29, 70, 73 (Goldhochzeit), 79 (Babyfüßchen), 83 (Sonnenaufgang), 85 (Perlenherz), 89, 97 (Blumenherz), 117 (Strand und Meer), 127 (Weihnachtskugeln), E. Eder (Seite 25, 28 unten, 39 (Hochzeitskarte), 41 (Kartenvorderseiten Schmetterlinge/Blumen), 43 oben, 99, 113, 127 (Sterne), A. Friske (Seite 45, 48 oben, 125), W. Hein (Seite 58 links, 61, 62, 64, 66 unten, 67, 75, 83 (Kommunion/Danke), 85 oben, 87, 91, 98), U. Heller (Seite 19 unten, 51-57, 77 (Grüne/Goldene Hochzeit), 79 (Leporello/Danke), 101, 105, 123), P. Pedevilla (Seite 13, 14, 15 oben, 18, 22/23, 30 (Schneeglöckchen/Seestern), 32, 43 unten, 65, 73 (Grüne/Silberhochzeit), 77 (Einladung), 85 (Rosen), 95, 96 (Faltbrief), 103, 111, 117 (Unterwasser, Leporello), 121), H. Rossow (Seite 26 unten), G. Schmitt (Seite 42, 81, 108, 119, 129 (Sterne), N. Snellen (Seite 21, 28 oben, 38, 42 unten, 48 unten, 49, 92, 107, 124), H. Wolf (Seite 33 ff., 115, 129 Schneemann/Schlittenfahrt).

Materialangaben und Arbeitshinweise in diesem Buch wurden von den Autorinnen und den Mitarbeitern des Verlags sorgfältig geprüft. Eine Garantie wird jedoch nicht übernommen. Autorinnen und Verlag können für eventuell auftretende Fehler oder Schäden nicht haftbar gemacht werden. Das Werk und die darin gezeigten Modelle sind urheberrechtlich geschützt. Die Vervielfältigung und Verbreitung ist, außer für private, nicht kommerzielle Zwecke, untersagt und wird zivil- und strafrechtlich verfolgt. Dies gilt insbesondere für die Verbreitung des Werkes durch Fotokopien, Film, Funk und Fernsehen, elektronische Medien und Internet sowie für eine gewerbliche Nutzung der gezeigten Modelle. Bei Verwendung im Unterricht und in Kursen ist auf dieses Buch hinzuweisen.

Auflage: 5. 4. 3. 2. 1.
Jahr: 2011 2010 2009 2008 2007 [Letzte Zahlen maßgebend]

© 2007 frechverlag GmbH, 70499 Stuttgart

ISBN 978-3-7724-5038-9
Best.-Nr. 5038